똑똑 교양 2

내 몸에서 이런 것들이 나온다고?

좀 더럽지만 꽤 재밌는 내 몸 도감

눈에 보이는 것 편

나가미네 에이타로 글 · 도게도게 그림
후지타 고이치로 감수 · 박현미 옮김

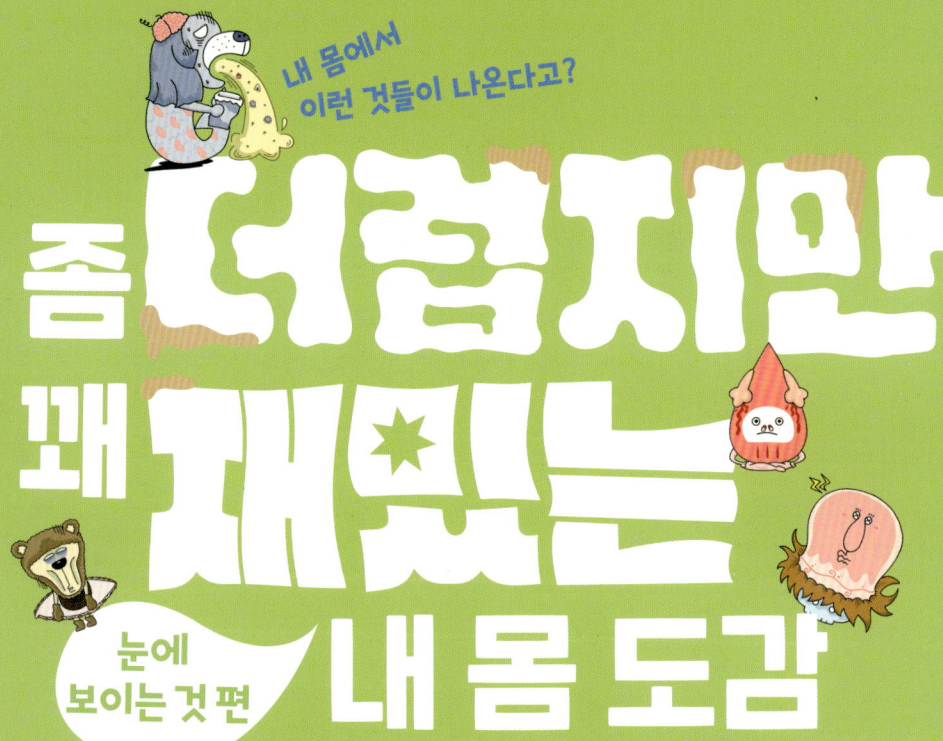

갑자기 이런 말을 해서 미안한데, 손가락으로 코를 살짝 파 보세요. 코딱지나 콧물이 묻어 나오지 않나요?

이번에는 팔에 물을 묻혀 벅벅 문질러 보세요. 지우개 가루 같은 때가 밀려 나오지요? 때는 팔뿐만 아니라 몸 이곳저곳에서 나와요.

코딱지나 때 말고도 우리 몸에서 나오는 눈에 보이는 것들은 많아요. 똥, 오줌, 땀, 침처럼 날이면 날마다 나오는 것이 있는가 하면, 상처 딱지나 입술 각질처럼 가끔 나오는 것도 있어요. 혹이나 물집처럼 1년에 한 번 나올까 말까 하는 것도 있지요. 우리 몸에서 나오는 것은 정말 다양해요.

혹시 몸에서 나오는 것들이 더럽고 쓸모없다고 생각하나요? '똥은 냄새도 나고 색깔도 이상해서 싫어.', '물집 같은 게 무슨 쓸모가 있겠어.'라고 생각하는 사람도 있을 거예요.

하지만 그건 큰 착각이에요. 똥이나 물집처럼 몸에서 나오는 것들은 대부분 건강을 지키는 데 도움이 돼요. 이것들이 나와야 건강하게 살아갈 수 있지요.

이 책에서는 우리 몸에서 나오는 눈에 보이는 것들을 재미있는 캐릭터로 소개하고 있어요. 어떤 캐릭터가 가장 마음에 드는지 생각하며 읽어 보세요. 재미있게 읽으면서 '콧물은 왜 나오는 걸까?', '코딱지는 왜 생기는 거지?' 같은 궁금증도 풀어 보세요.

똥, 코딱지, 침, 눈곱…… 우리 몸에서 나오는 것들은 모두 중요해요. 독특하고도 친근한 캐릭터와 함께 우리 몸이 얼마나 신비로운지 알아보아요.

이렇게 읽어 보세요!

이 책에서는 우리 몸에서 나오는 눈에 보이는 것들을 캐릭터로 만들어 소개합니다. 재미있는 캐릭터 덕분에 신비로운 우리 몸에 대해 즐겁게 배울 수 있지요. 그림도 많아서 내용이 머릿속에 쏙쏙 들어올 거예요. 부모님 또는 친구들과 재미있게 읽어 보세요!

유쾌한 캐릭터 이름
이름만 봐도 캐릭터에 대한 애정이 마구 샘솟을 거예요. 왜 이런 이름이 붙었는지 한번 생각해 봐요!

독특한 캐릭터
몸에서 나오는 것의 특징을 살려 독특한 캐릭터로 만들었어요. 마음에 드는 캐릭터를 찾아 보세요.

나오는 곳
우리 몸에는 우리가 모르는 구멍이 많아요. 대체 몸 어디에서 이것저것이 나오는 걸까요? 그림으로 알기 쉽게 소개했어요.

종류·나올 때·주요 성분
우리 몸에서 나오는 것은 그 종류가 무엇인지, 언제 나오는지, 어떤 성분으로 이루어졌는지 정리해 두었어요.

왜 까요?

더운 여름날이나 운동을 열심히 한 뒤에는 몸에 열이 쌓여 체온이 올라가요. 사람의 정상 체온은 36~37도쯤이에요. 체온이 더 올라가거나 더 내려가면 몸 상태가 나빠지지요. 그래서 체온이 더 올라가지 않도록 땀을 흘리는 거예요. 몸 밖으로 나온 땀이 마르면서 피부 표면의 열을 빼앗아 가 몸이 식거든요.

땀은 대부분 물로 이루어져 있어요. 사람은 보통 하루에 땀을 600~700밀리미터쯤 흘리지만, 더운 여름날이나 운동을 할 때면 하루에 2~3리터까지도 흘려요. 땀을 흘리는 건 아주아주 중요하답니다.

왜 나올까요?

우리 몸에서 나오는 것은 다 이유가 있어서 나와요. "어, 정말?" 하고 놀랄 만한 것도 많지요. 그 이유를 자세히 들려줄게요.

어떻게 지나요?

땀을 만들려면 피가 필요해요. 우리 피부 속에 있는 땀샘은 모세 혈관이 이어져 있어요. 땀샘은 모세 혈관을 지나는 핏속에 있는 물과 염분, 그 밖의 노폐물을 걸러 내요. 그런 다음 염분의 일부는 다시 핏속으로 돌려보내지요. 그러니 우리 몸에서 나온 땀은 거의 물이나 다름없어요.

땀은 열을 식힐 때만 나는 게 아니에요. 긴장할 때도 땀이 나요.

땀샘에는 온몸에 흩어져 있는 에크린샘과 겨드랑이나 귓속 같은 곳에 있는 아포크린샘이 있어요. 더울 때 나는 땀은 에크린샘에서, 긴장할 때 나는 땀은 아포크린샘에서 만들어진답니다.

우리 몸에는 땀샘이 200~500만 개나 있대.

어떻게 만들어지나요?

우리 몸에서 나오는 것이 어떻게 만들어지는지 알려 줘요. 가끔 다른 주제를 다룰 때도 있어요.

땀에서는 왜 짠맛이 날까요?

에크린샘에서 만들어진 땀은 99퍼센트가 물이고, 염분을 비롯한 노폐물은 아주 조금 들어 있어요. 그러다 보니 평소에 흘리는 땀은 짜지 않아요. 다만 한꺼번에 많은 땀을 흘리면 피가 제대로 걸러지지 않아 염분을 비롯한 노폐물의 양이 늘어나요. 그래서 짠맛이 난답니다.

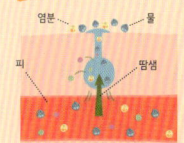

운동할 때 난 땀을 핥았더니 짠맛이 났다고요? 그건 땀을 한꺼번에 많이 흘린 탓이랍니다.

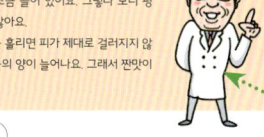

더 알아봐요!

'더 알아봐요'가 있는 부분도 있어요. 여기서는 조금 더 깊이 있는 이야기를 들려줄 거예요.

풍부한 그림

어린이들이 이해하기 쉽도록 말로만 설명하지 않고 그림을 충분히 넣었어요. 선생님과 어린이가 하는 말도 놓치지 마세요.

중요도·더러운 정도

몸에서 나오는 것이 우리 몸에 얼마나 중요한지, 얼마나 더러운지를 별의 개수로 표시해 두었어요.

차례

머리말··········02
이렇게 읽어 보세요!··········04

몸의 구조··········10

황금똥 자매··········12
칼럼 똥 친구들··········14

오줌 동자··········16
땀 삐질 씨··········18
소름 왕··········20
때 영감··········22

배꼽 때 까미 …………24

딱지 로봇 …………26

고름 도깨비 …………28

물집 외계인 …………30

주름 할매 …………32

허물 훌러덩 씨 …………34

점 외계인 …………36

눈물 또록 씨 …………38

칼럼　눈물 친구들 …………40

눈곱돌 …………42

속눈썹 깜빡 씨 …………44

다크서클 곰곰 씨 …………46

코딱지 후비적 씨 …………48

콧물 남매 …………50

| 칼럼 | 콧물 친구들 ……………52 |

코피 펑펑 씨…………54
볼거리 퉁퉁 씨…………56
침 마녀…………58
가래 맨…………60
치태 악당…………62
입술 각질 할멈…………64
비듬 소년…………66
털보 머털 씨…………68

| 칼럼 | 머리카락 친구들 ……………70 |

혹 불룩 씨…………72
귀지 천왕…………74

여드름 치어리더··········76
무좀 근질근질 씨··········78
보조개 쏙쏙 씨··········80
손톱 장군··········82
겨드랑이 털 펄럭 씨··········84
칼럼 털 친구들 ··········86

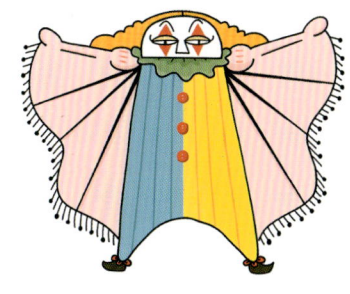

모유 맘마 씨··········88
토사물 웩웩 씨··········90

좋아하는 캐릭터를 찾아 봐요!··········92
감수자의 말··········94

몸의 구조

우리 몸에서 나오는 것에 대해 잘 알려면
먼저 몸속에 있는 여러 기관과 그 역할을 알아야 해요.
지금부터 배워 볼까요?

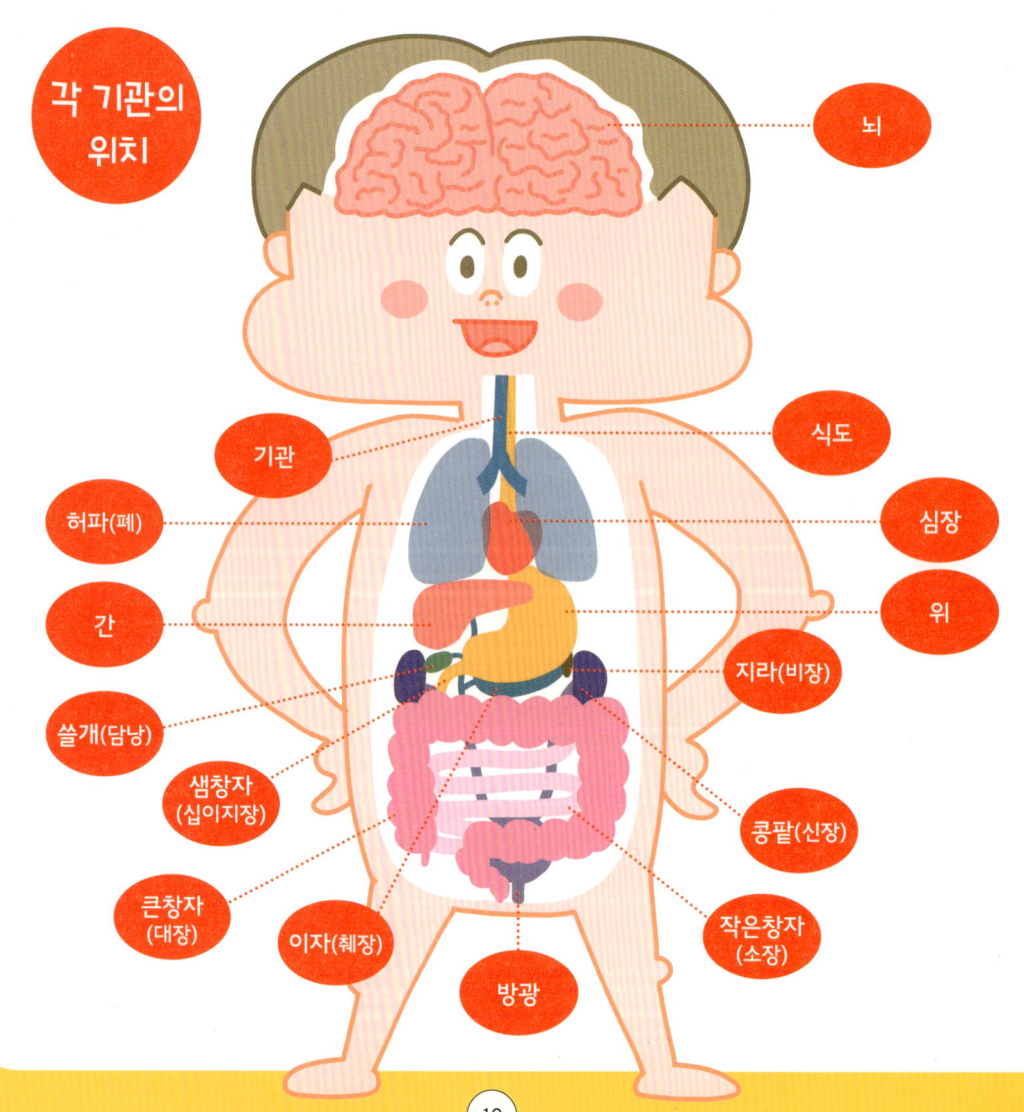

뇌 : 신경계	생각, 운동, 호흡을 책임지고 몸 전체를 지배해요. 뇌에서 몸 이곳저곳에 명령을 내리지요.
식도 : 소화계	음식물이 지나가는 길이에요. 길이 25센티미터, 두께 2센티미터 정도의 기다란 관 모양을 하고 있어요. 입으로 들어온 음식물을 위로 내려보내요.
기관 : 호흡계	목구멍에서 허파에 이르는 엄지손가락 굵기의 관을 말해요. 공기를 허파로 보내 줘요.
허파(폐) : 호흡계	산소를 몸속으로 들여보내고, 이산화탄소를 몸 밖으로 내보내요.
심장 : 순환계	우리가 살아가는 데 꼭 필요한 피를 온몸으로 보내는 펌프예요.
간 : 소화계	몸에 필요한 여러 가지 물질을 만들고, 필요 없거나 해로운 물질을 몸 밖으로 내보내요.
위 : 소화계	음식물이 잠깐 머무는 곳이에요. 음식물을 살균하고 소화해 걸쭉하게 만든 뒤 작은창자로 보내요.
지라(비장) : 면역계	피의 오래된 성분을 없애고, 병균을 물리치는 물질을 만들어요.
쓸개(담낭) : 소화계	간에서 만든 쓸개즙(담즙)을 모아 두는 곳이에요. 이자, 샘창자와 이어져 있어요. 쓸개즙은 샘창자로 배출되어요.
콩팥(신장) : 비뇨계	핏속에 있는 노폐물을 걸러 내 오줌을 만들어요.
샘창자(십이지장) : 소화계	작은창자의 일부예요. 위에서 보낸 음식물에 이자액(췌장액)과 쓸개즙을 섞어요.
이자(췌장) : 소화계	음식물을 분해하는 이자액을 만들어 샘창자로 내보내요.
작은창자(소장) : 소화계	위에서 소화된 음식물을 더 잘게 부수고, 영양분을 흡수해요.
큰창자(대장) : 소화계	음식물에서 물과 영양분을 흡수하고 나머지를 똥으로 내보내요.
방광 : 비뇨계	콩팥에서 만들어진 오줌을 모아 두었다가 가득 차면 밖으로 내보내요.

황금똥 자매

바나나 세 개 정도의 양이 한 번에 쑥 나오는 황갈색 똥!

한 번에 바나나 세 개 정도의 양이 항문에서 부드럽게 쑥 빠져 나오면 최고!

과일, 채소, 잡곡, 해조류, 발효 식품을 많이 먹으면 건강한 똥이 나와요.

나오는 곳		
	종류	고체
	나올 때	음식물을 먹은 뒤
	주요 성분	물, 식이 섬유

중요도

더러운 정도

왜 나올까요?

우리 몸은 음식물이 입안으로 들어오면 이로 잘게 부수고 침과 뒤섞어 위로 보내요. 위에서는 위액이 음식물을 걸쭉하게 만들어 소화시키지요. 그런 다음 작은창자의 앞부분인 샘창자로 보내 쓸개에 저장해 둔 쓸개즙과 뒤섞어요. 쓸개즙은 위액과 마찬가지로 음식물을 소화시키지요. 똥이 황금빛을 띠는 것도 쓸개즙 때문이에요.

음식물이 다음으로 가는 곳은 작은창자예요. 작은창자에서는 음식물의 영양분을 흡수한 뒤 간으로 보내요. 간에 모인 영양분은 피를 통해 온몸으로 전해지지요. 그러고도 남은 음식물은 큰창자로 가요. 큰창자에서는 700종이 넘는 세균들이 남은 영양분을 흡수해요.

마지막 남은 물까지도 큰창자가 모두 흡수하지요. 그런 다음 영양분과 물이 사라진 음식물 찌꺼기가 똥이 되어 몸 밖으로 나오는 거랍니다.

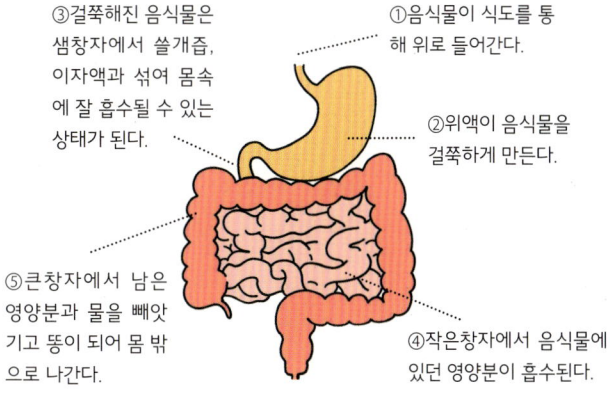

① 음식물이 식도를 통해 위로 들어간다.
② 위액이 음식물을 걸쭉하게 만든다.
③ 걸쭉해진 음식물은 샘창자에서 쓸개즙, 이자액과 섞여 몸속에 잘 흡수될 수 있는 상태가 된다.
④ 작은창자에서 음식물에 있던 영양분이 흡수된다.
⑤ 큰창자에서 남은 영양분과 물을 빼앗기고 똥이 되어 몸 밖으로 나간다.

정말 필요 없는 것만 내보내는 거구나!

어떤 똥이 좋은 똥인가요?

큰창자에서는 700종이 넘는 세균이 음식물에서 영양분을 흡수하며 살아가요. 이 세균들이 음식물을 분해할 때 인돌이나 스카톨 같은 가스가 나오는데, 이것이 바로 똥 냄새의 원인이지요.

큰창자에 사는 세균 중에는 건강에 보탬이 되는 유익균과 병을 일으키는 유해균이 있어요. 고기만 먹으면 유해균이 늘어나고, 똥 냄새도 고약해지지요. 건강한 똥을 누려면 과일, 채소, 잡곡, 해조류, 발효 식품처럼 식이 섬유가 풍부하고 유익균을 늘리는 데 보탬이 되는 음식을 먹어야 해요.

엉덩이에서 쑥 빠져나오는 된장 정도 굳기의 황갈색 똥, 냄새는 희미하고 물에 천천히 가라앉는 똥을 한 번에 바나나 세 개 분량쯤 눈다면 건강하다는 뜻이에요.

큰창자에는 700종 넘는 세균이 100조 개 넘게 산답니다.

칼럼

똥 친구들

똥은 여러 가지 모양을 하고 있어요.
모두가 잘 아는 네 가지 똥을 소개합니다!

똬리 모양 똥

만화 같은 데서 자주 볼 수 있는 똥 모양!

똥이라는 말을 들으면 이 모양이 가장 먼저 떠오를 거예요. 건강한 똥 중 하나랍니다.

똥글똥글한 똥

토끼 똥처럼 딱딱하고 마른 똥

똥을 오래 참거나 변비가 있으면 똥글똥글한 똥을 누기 쉬워요.

질퍽질퍽한 똥

배탈이 나면 나오는 똥!

상한 음식을 먹거나 먹은 음식이 소화가 잘 안 돼 배탈이 나면 설사를 할 수 있어요. 그럴 때면 죽처럼 질척한 똥이 나와요.

딱딱한 똥

딱딱하고 땅딸막한 똥은 건강하지 않은 똥!

짧고 딱딱한 똥이에요. 변비에 걸리면 똥이 딱딱해져요.

오줌 동자

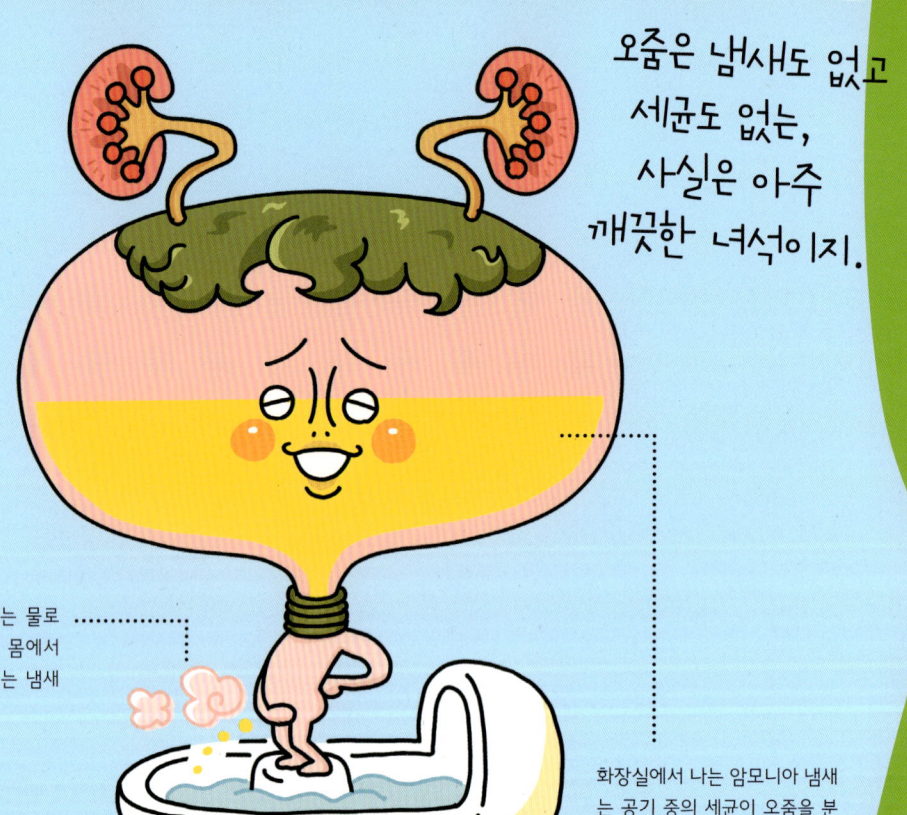

오줌은 냄새도 없고 세균도 없는, 사실은 아주 깨끗한 녀석이지.

오줌의 96퍼센트는 물로 이루어져 있어요. 몸에서 막 나온 오줌에서는 냄새가 나지 않지요.

화장실에서 나는 암모니아 냄새는 공기 중의 세균이 오줌을 분해하면서 생겨나는 거예요.

나오는 곳		
	종류	액체
	나올 때	방광이 꽉 찼을 때
	주요 성분	대부분 물

중요도

더러운 정도

왜 나올까요?

우리 몸은 음식물에서 흡수한 영양분을 피에 실어서 온몸으로 보내요. 여러분은 이 영양분을 써서 생각하고 움직이고 자라나지요. 그런데 영양분을 쓸 때 몸에 필요 없는 것들도 같이 생겨나요. 오줌은 이런 것들을 모아서 몸 밖으로 내보낸답니다.

흔히들 오줌에서 냄새가 난다고 생각하지만, 오줌의 96퍼센트는 물이에요. 그리고 나머지 4퍼센트는 몸에서 쓰고 남은 물질들이지요. 암모니아는 없느냐고요? 몸에서 막 나온 따끈따끈한 오줌에는 암모니아가 없어요.

암모니아 냄새는 공기 중의 세균이 오줌 속에 든 요소를 분해하면서 나는 거예요. 몸에서 막 나온 오줌은 냄새도 안 나고 세균도 없는 깨끗한 상태랍니다.

아하, 막 싼 오줌에서는 냄새가 나지 않는구나!

어떻게 만들어지나요?

오줌은 콩팥에서 만들어져요. 우리 몸에 필요 없는 물질들은 피에 실려 콩팥으로 가요. 그런 다음 모세 혈관 다발인 사구체에서 한 번 걸러지지요. 이렇게 걸러진 것을 '원뇨'라고 해요.

원뇨는 세뇨관을 거치며 다시 한 번 걸러져요. 이 과정에서 몸에 필요한 영양분은 다시 흡수되고 필요 없는 물질은 방광으로 보내지지요.

방광이 가득 차면 뇌가 화장실로 가라는 명령을 내려요. 그러면 오줌이 마렵기 시작하지요. 오줌은 이렇게 해서 몸 밖으로 나온답니다.

● 오줌이 만들어지는 과정

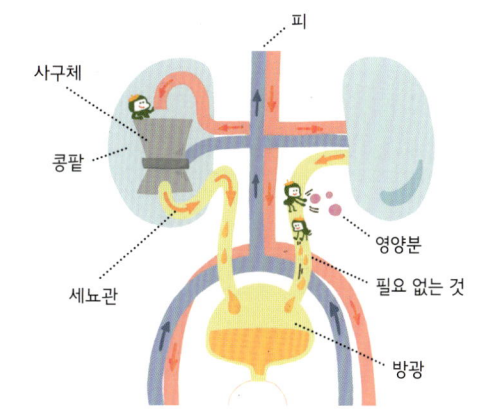

땀 삐질 씨

땀이 피부 표면의 열을 빼앗아서 몸을 식혀 줘요.

체온이 올라간다. 멈춰, 멈춰!

땀을 만들려면 피가 필요해요. 땀샘에서는 핏속의 물을 빼내 땀을 만들어요.

나오는 곳

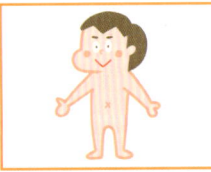

종류	액체
나올 때	체온이 높을 때
주요 성분	대부분 물

중요도

더러운 정도

18

왜 나올까요?

더운 여름날이나 운동을 열심히 한 뒤에는 몸에 열이 쌓여 체온이 올라가요. 사람의 정상 체온은 36~37도쯤이에요. 체온이 더 올라가거나 더 내려가면 몸 상태가 나빠지지요. 그래서 체온이 더 올라가지 않도록 땀을 흘리는 거예요. 몸 밖으로 나온 땀이 마르면서 피부 표면의 열을 빼앗아 가 몸이 식거든요.

땀은 대부분 물로 이루어져 있어요. 사람은 보통 하루에 땀을 600~700밀리미터쯤 흘리지만, 더운 여름날이나 운동을 할 때면 하루에 2~3리터까지도 흘려요. 땀을 흘리는 건 아주아주 중요하답니다.

어떻게 만들어지나요?

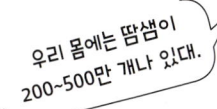

우리 몸에는 땀샘이 200~500만 개나 있대.

땀을 만들려면 피가 필요해요. 우리 피부 속에 있는 땀샘은 모세 혈관과 이어져 있어요. 땀샘은 모세 혈관을 지나는 핏속에 있는 물과 염분, 그 밖의 노폐물을 걸러 내요. 그런 다음 염분의 일부는 다시 핏속으로 돌려보내지요. 그러니 우리 몸에서 나온 땀은 거의 물이나 다름없어요.

땀은 열을 식힐 때만 나는 게 아니에요. 긴장할 때도 땀이 나요.

땀샘에는 온몸에 흩어져 있는 에크린샘과 겨드랑이나 귓속 같은 곳에 있는 아포크린샘이 있어요. 더울 때 나는 땀은 에크린샘에서, 긴장할 때 나는 땀은 아포크린샘에서 만들어진답니다.

더 알아봐요!

땀에서는 왜 짠맛이 날까요?

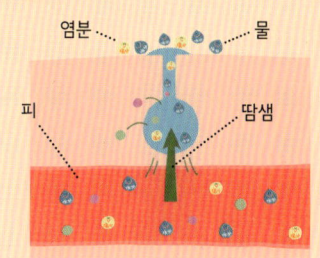

염분 · 물 · 피 · 땀샘

운동할 때 난 땀을 핥았더니 짠맛이 났다고요? 그건 땀을 한꺼번에 많이 흘린 탓이랍니다.

에크린샘에서 만들어진 땀은 99퍼센트가 물이고, 염분을 비롯한 노폐물은 아주 조금 들어 있어요. 그렇다 보니 평소에 흘리는 땀은 짜지 않아요.

다만 한꺼번에 많은 땀을 흘리면 피가 제대로 걸러지지 않아 염분을 비롯한 노폐물의 양이 늘어나요. 그래서 짠맛이 난답니다.

소름 왕

추울 때 피부에 돋아나는 오돌토돌한 것!

아주 먼 옛날에는 사람들도 털이 많았다는 증거예요.

털세움근(입모근)이 오그라들면 털이 삐죽 서고 땀구멍이 닫혀요.

돋는 곳

종류	피부
돋을 때	추울 때
원인	털세움근(입모근)

중요도

더러운 정도

왜 돋을까요?

몹시 추운 날 집을 막 나서는데, 팔에 작고 오톨도톨한 것들이 돋은 적이 있을 거예요. 이런 상태를 '소름이 돋는다'라고 해요.

사람뿐 아니라 동물도 소름이 돋아요. 털이 바싹 곤두선 동물을 본 적 없나요? 고양이 같은 동물 말이에요. "에이, 상대방을 위협할 때나 그렇지요."라고 말한다면 반만 맞았어요. 동물은 추울 때도 털을 세우거든요. 온몸의 털을 세우면 털과 털 사이에 따뜻한 공기층이 생겨서 체온이 빠져나가는 걸 막아 줘요.

사람도 마찬가지예요. 하지만 사람의 털은 가늘고 짧아서 세워 봤자 별 효과가 없어요. 아주 먼 옛날, 사람에게 털이 많던 시절의 흔적일 뿐이지요.

옛날 사람들은 털이 많았구나.

어떻게 돋나요?

소름이 돋는 이유는 털구멍(모공)에 숨어 있어요. 털구멍 속에는 털집(모낭)이라는 털뿌리(모근)를 둘러싼 주머니가 있는데, 그곳에 털세움근이라는 근육이 붙어 있어요.

뇌가 추위 같은 외부의 자극을 받으면 털세움근이 반사적으로 오그라들어요. 그러면 털이 삐쭉 곤두서고 털구멍이 닫히면서 오톨도톨한 돌기가 돋아나요.

추울 때만 소름이 돋는 것은 아니에요. 소름은 무서운 이야기를 들었을 때도 돋아요. 뇌에게는 공포도 추위와 같은 자극이기 때문이에요.

● 소름이 돋는 과정

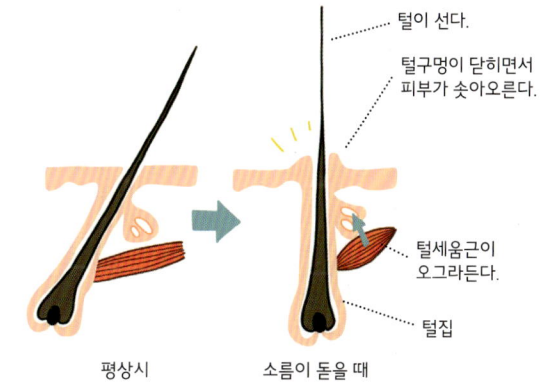

털이 선다.
털구멍이 닫히면서 피부가 솟아오른다.
털세움근이 오그라든다.
털집

평상시 → 소름이 돋을 때

때 영감

피부 세포는 생겨난 지 28일쯤 지나면 때가 되어 떨어져요.

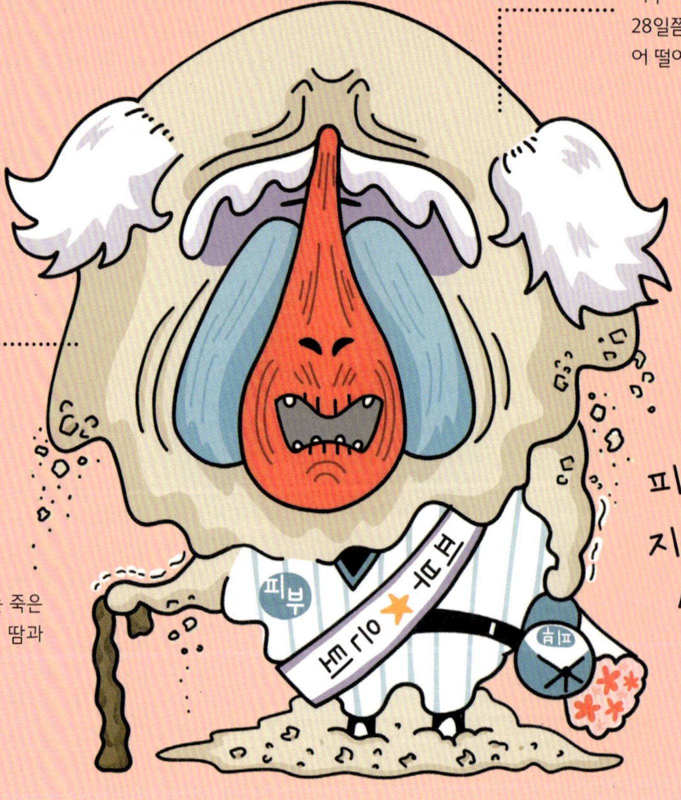

각질이라고도 불리는 죽은 세포가 먼지, 피지, 땀과 섞여 때가 돼요.

피부에서 나오는 지우개 가루처럼 생긴 녀석!

나오는 곳

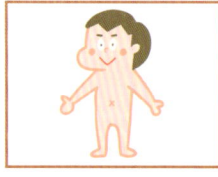

종류	고체
나올 때	언제나
주요 성분	각질, 피지

중요도

더러운 정도

왜 나올까요?

욕조에 몸을 담가 피부를 불린 다음, 박박 문지르면 지우개 가루 같은 때가 흐물흐물 밀려 나와요. 거무튀튀한 때는 어쩐지 더럽게 느껴지지요.

우리 몸은 피부로 덮여 있어요. 피부의 가장 바깥쪽을 '각질층'이라고 하는데, 죽은 세포인 각질이 모인 곳이에요. 하지만 각질층도 어엿한 역할이 있답니다. 자외선이나 세균이 들어오지 못하게 막고 피부가 건조해지지 않도록 해 주지요. 이 역할을 끝내면 때가 된답니다.

때는 목욕탕에서 북북 밀어야만 하는 것은 아니에요. 아주 사소한 자극만 받아도 몸에서 떨어져 나가지요. 몸에서 떨어져 나온 때는 옷과 이불에 붙기도 하고, 공기 중에 떠다니거나 바닥에 떨어지기도 한답니다.

방 안의 자잘한 쓰레기와 먼지의 75퍼센트는 때랍니다.

어떻게 만들어지나요?

피부는 우리 몸에서 가장 넓은 면적을 차지하는 기관이에요. 피부의 구조를 살펴보면 바깥쪽에서부터 표피, 진피, 피하 조직, 세 개의 층으로 이루어져 있어요. 표피는 다시 각질층, 과립층, 가시층, 기저층, 네 개의 층으로 나눌 수 있지요.

피부는 날마다 쉴 새 없이 새로 생겨나요. 피부의 기저층에서는 끊임없이 새로운 피부 세포가 생겨나고, 14일에 걸쳐 점점 각질층으로 밀려 올라오지요. 그러다 마지막에 때가 되는 거예요.

사람의 몸에선 평생 20킬로그램에 이르는 때가 생겨난다고 해요. 흔히들 때는 더럽다고 생각하지만, 굳이 벗겨 내지 않아도 건강에는 아무런 해가 되지 않는 존재랍니다.

● 때의 구조

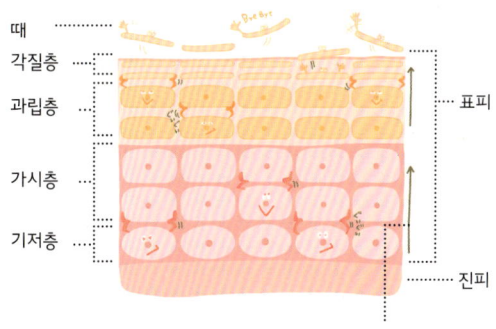

피부는 조금씩 위층으로 밀려 올라온다.

배꼽 때 까미

움푹하고 주름진 곳에 쌓여요.

피부에서 나온 각질과 먼지가 쌓인 것!

배꼽의 때는 억지로 파내지 않아도 아무 문제없어요.

쌓이는 곳		
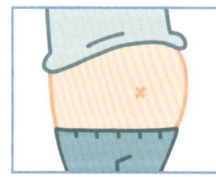	종류	고체
	쌓일 때	가끔
	주요 성분	각질, 먼지

중요도

더러운 정도

왜 쌓일까요?

　배 속의 아이는 엄마의 태반과 이어진 탯줄로 영양분을 흡수해요. 아기가 "응애!" 하고 태어나면 탯줄의 역할은 끝나지요. 그리고 탯줄이 있던 자리가 우묵하게 들어가면서 배꼽이 된답니다.

　배꼽을 한번 들여다보세요. 검은 알갱이 같은 것이 붙어 있지요? 그게 바로 배꼽 때예요.

　배꼽은 우묵하고 쪼글쪼글 주름이 잡혀 있어서 무언가가 쌓이기 쉬워요. 피부에서 떨어져 나온 각질이나 옷에 묻은 먼지가 쌓여서 뭉치면 검은깨 같은 배꼽 때가 된답니다.

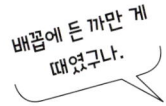
배꼽에 든 까만 게 때였구나.

파내지 않아도 괜찮을까요?

　"배꼽을 파면 큰일 나!" 하고 야단맞은 적 없나요? 더러운 손톱으로 배꼽을 후비면 피부에 상처가 생겨 세균이 들어갈 수 있기 때문이에요.

　배꼽은 우리 몸속 기관과 연결되어 있다는 소리도 있지만, 틀린 말이랍니다. 배꼽은 탯줄이 있던 흔적일 뿐 몸속 기관과는 연결되어 있지 않아요.

　배꼽 때는 억지로 빼내지 않아도 아무런 문제가 없어요. 하지만 계속 눈에 거슬릴 거예요. 그럴 때는 면봉에 보디로션이나 오일을 묻혀서 살살 닦아 내면 돼요.

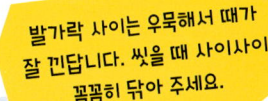
발가락 사이는 우묵해서 때가 잘 낀답니다. 씻을 때 사이사이 꼼꼼히 닦아 주세요.

우묵한 곳은 때 천지!

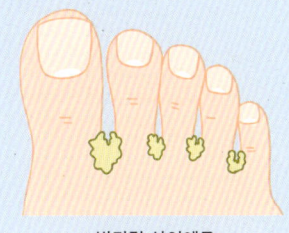
발가락 사이에도 때가 잘 껴요.

　배꼽은 움푹 들어가 있어서 때가 끼기 쉬워요. 우리 몸에는 배꼽 말고도 우묵한 곳이 많아요. 이런 곳에 때가 잘 끼지요. 이를테면 발가락 사이 같은 곳이요. 잠시 양말을 벗어 보세요. 어떤가요? 언제 생겼는지 모르게 먼지가 끼어 있지 않나요?

딱지 로봇

혈소판이 달려와서 상처를 막아 준다!

혈소판과 피브린이 피를 굳히면 딱지가 돼요.

딱지 밑에선 세균과 백혈구가 싸우고 있어요.

생기는 곳

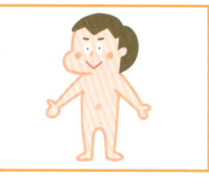

종류	고체
생길 때	상처가 날 때
주요 성분	혈소판, 피브린

중요도

더러운 정도

26

왜 생길까요?

무릎이 까지면 상처에서 피가 나와요. 그러다 얼마 지나면 피가 멎고, 딱지가 생겨나지요.

딱지 아래에서는 상처를 통해 들어온 나쁜 세균과 세균을 무찌르려는 핏속 백혈구가 엄청난 싸움을 벌이고 있어요. 딱지는 나쁜 세균이 더는 우리 몸에 들어오지 못하도록 막고 있는 것이지요.

딱지가 생기면 가려워서 벅벅 긁기 쉬워요. 그러다 보면 딱지가 떨어져 나가고 또다시 나쁜 세균이 몸속으로 들어와 상처가 잘 낫지 않아요. 온 힘을 다해 세균을 막고 있는 딱지를 돕는 길은 아무리 간지러워도 꾹 참는 것뿐이에요.

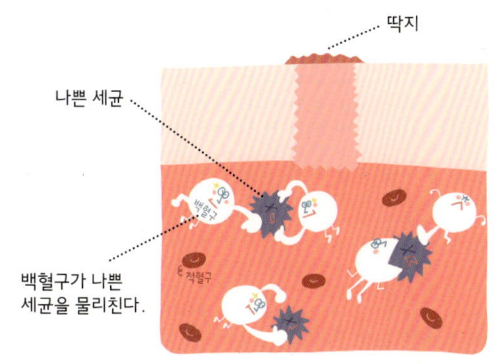

● 딱지 아래에서는……
딱지
나쁜 세균
백혈구가 나쁜 세균을 물리친다.

아무리 가려워도 긁어선 안 돼!

어떻게 만들어지나요?

상처가 생겨서 피가 나면 혈소판이 모여들어 상처 부위를 뒤덮어요. 혈소판은 가장 작은 핏속 세포로 피를 멎게 하지요.

그런 다음 핏속 단백질인 피브린이 끈적끈적한 실처럼 변해 혈소판을 감싸요. 피브린과 혈소판이 그물처럼 엉기면서 피가 굳기 시작하지요.

그러면 빨갛고 반투명하고 걸쭉한 젤리 같은 핏덩어리가 생겨나요. 이 핏덩어리가 완전히 마르면 딱지가 된답니다.

혈소판은 피를 구성하는 세포 중에서 가장 작습니다.

고름 도깨비

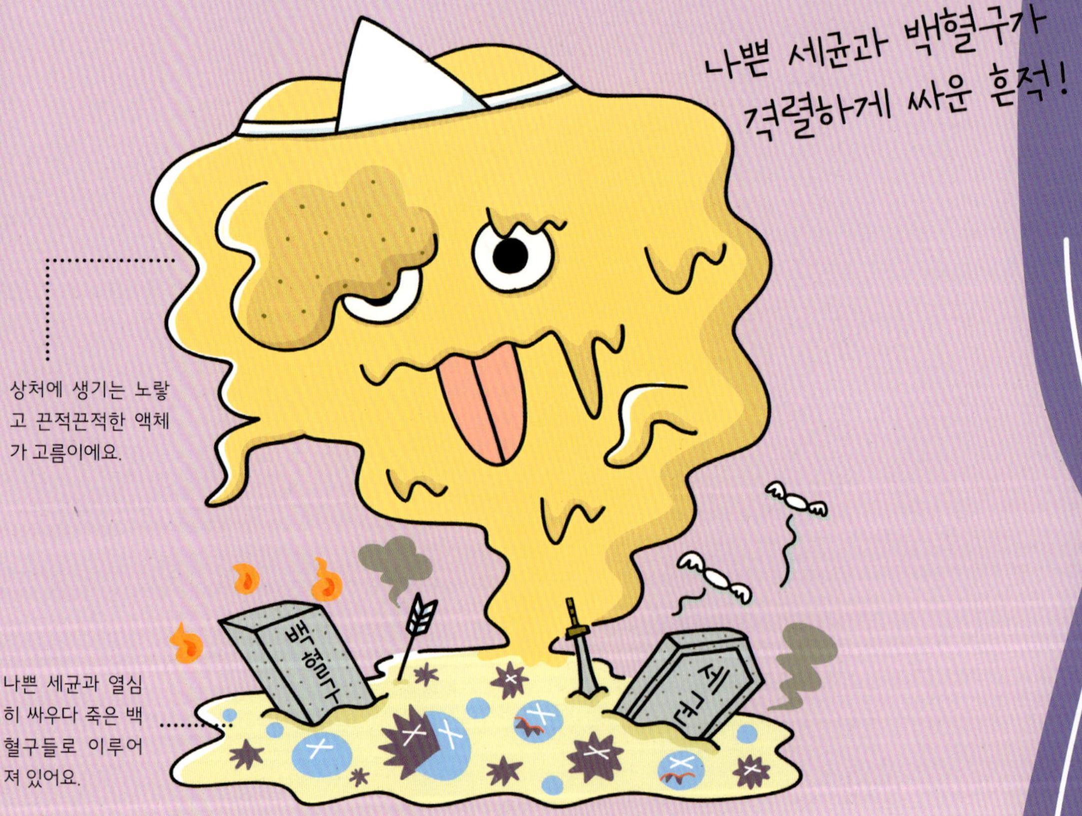

나쁜 세균과 백혈구가 격렬하게 싸운 흔적!

상처에 생기는 노랗고 끈적끈적한 액체가 고름이에요.

나쁜 세균과 열심히 싸우다 죽은 백혈구들로 이루어져 있어요.

나오는 곳		
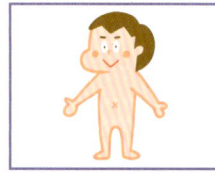	종류	액체
	나올 때	상처가 났을 때
	주요 성분	죽은 백혈구, 세균

중요도

더러운 정도

왜 나올까요?

딱지는 억지로 뜯으면 안 된다고 했지요? 간지럼을 참지 못하고 딱지를 뜯어내면, 상처에서 후끈후끈 열이 나면서 빨갛게 부풀어 올라요. 피하 조직(23쪽 참고)에 세균이 번식해서 염증이 생긴 거예요.

이럴 때 상처에서 흘러나오는 노랗고 끈적끈적한 액체가 바로 고름이에요. 화상을 입어서 생긴 물집을 잘 못 터트렸을 때도 고름이 나오곤 해요. 그 밖에 상처가 깊거나 세균이 묻은 손으로 상처를 만졌을 때도 상처가 곪아서 고름이 나온답니다.

어떻게 만들어지나요?

상처가 생기면 혈관 일부가 찢어지면서 해로운 세균이 몸속으로 들어와요. 그러면 우리 몸은 세균과 맞서 싸울 준비를 하지요. 대표 선수는 백혈구 중에서도 나쁜 세균을 물리치는 호중구예요.

하지만 세균 역시 만만치 않은 녀석이라, 때때로 백혈구가 당하기도 하지요. 염증은 나쁜 세균과 백혈구가 벌이는 처절한 싸움이고, 고름은 나쁜 세균과 싸우다 죽은 백혈구와 체액이 섞인 거예요. 한마디로 백혈구의 무덤인 셈이지요.

앞으로 누런 고름을 보면 열심히 싸우다 죽은 백혈구를 떠올리며 고마워합시다.

더 알아봐요!

이뿌리에도 고름이 생긴다고요?

이뿌리에도 고름이 생겨요.

충치 때문에 이가 아픈데도 그대로 두면 충치균이 이뿌리까지 들어가 염증을 일으키기도 해요. 염증이 생기면 나쁜 세균과 백혈구가 격렬하게 싸우는 과정에서 고름이 생기지요. 이 상태에 이르면 잠을 잘 때도 욱신욱신 쑤시고 아파요.

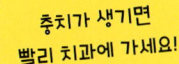
충치가 생기면 빨리 치과에 가세요!

물집 외계인

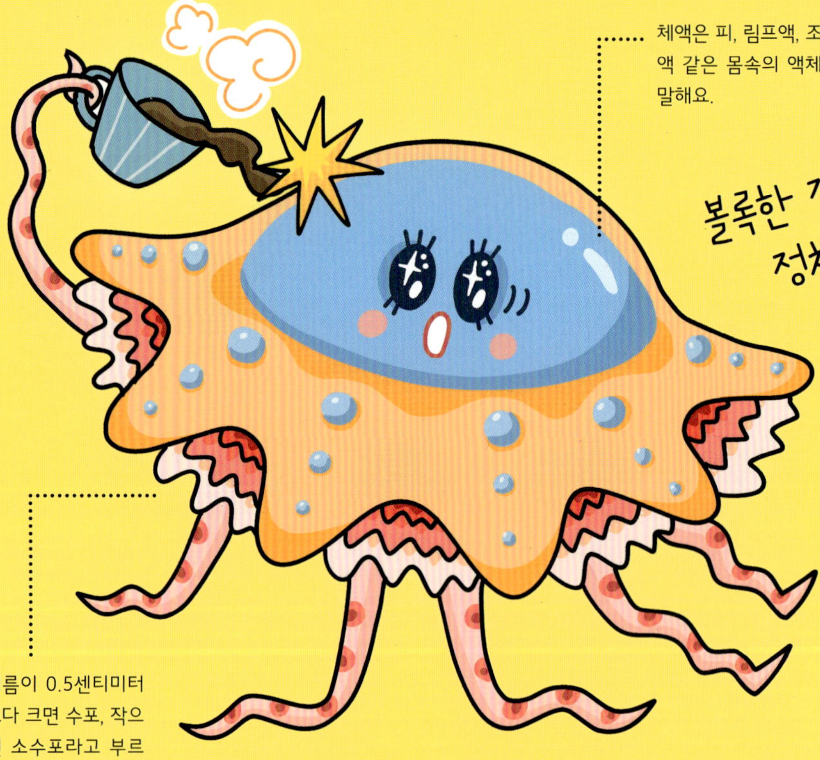

체액은 피, 림프액, 조직액 같은 몸속의 액체를 말해요.

볼록한 것의 정체는 체액!

지름이 0.5센티미터보다 크면 수포, 작으면 소수포라고 부르기도 해요.

생기는 곳	종류	액체	중요도
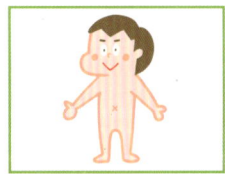	생길 때	화상 따위를 입었을 때	★★★★☆
	주요 성분	체액	더러운 정도 ★★☆☆☆

왜 생길까요?

무심코 뜨거운 난로나 주전자 같은 물건을 만졌다가 화들짝 놀라 손을 뗀 적 있나요? 아마도 손끝이 빨개져 있었을 거예요. 그럴 때 그냥 "손끝이 빨개졌네." 하고 그대로 두면 볼록하게 물집이 올라오지요.

물집에는 두 종류가 있어요. 지름이 0.5센티미터보다 작은 물집을 소수포라고 해요. 수두에 걸려 온몸에 좁쌀만 한 물집이 울긋불긋 돋은 적 없나요? 그런 게 바로 소수포예요. 벌레에 물리거나 햇볕을 오래 쬐어도 소수포가 생겨요.

소수포보다 큰 물집을 수포라고 해요. 화상을 입었을 때뿐만 아니라, 새 신발을 신어서 발뒤꿈치가 쓸렸을 때도 물집이 잡혀요.

물집을 보면 터뜨리고 싶어져.

어떻게 만들어지나요?

사람의 피부는 맨 바깥쪽부터 표피, 진피, 피하 조직, 이렇게 세 개의 층으로 이루어져 있어요. 이중 진피에는 땀이 나오는 땀샘과 피가 흐르는 혈관 같은 것이 있지요.

가벼운 화상을 입으면 표피만 붉어지지만, 열이 진피까지 닿으면 피하 조직을 지키려고 체액이 모여요. 이 액체가 표피와 진피 사이에 고여서 피부 표면이 볼록하게 튀어나오는 것이 바로 물집이에요. 일주일쯤 지나면 표피와 진피는 깨끗하게 낫고, 물집은 자연스럽게 쪼그라들지요.

물집 안은 세균이 없는 아주 깨끗한 상태예요. 절대로 억지로 터트리면 안 돼요.

● 물집의 구조

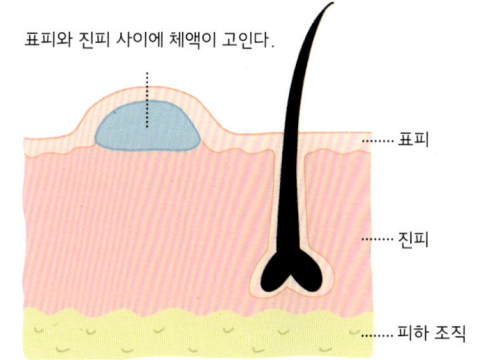

표피와 진피 사이에 체액이 고인다.

········ 표피
········ 진피
········ 피하 조직

주름 할매

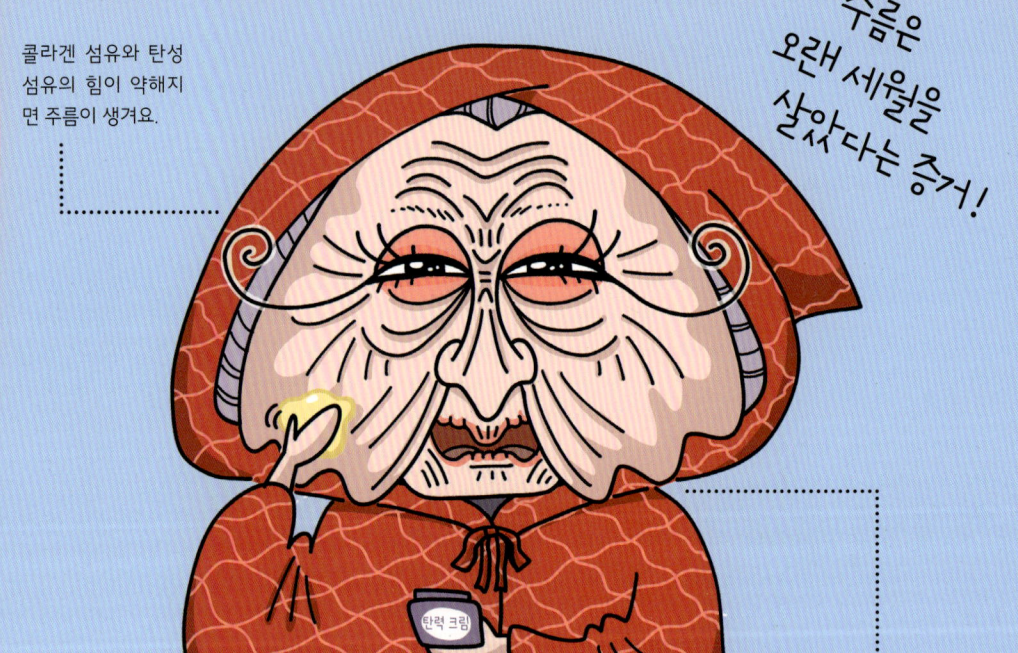

콜라겐 섬유와 탄성 섬유의 힘이 약해지면 주름이 생겨요.

주름은 오랜 세월을 살았다는 증거!

자외선을 많이 쬐면 콜라겐 섬유가 상해서 주름이 늘어나요.

생기는 곳

종류	피부
생길 때	나이를 먹으면
원인	콜라겐 부족

중요도

더러운 정도

왜 생길까요?

친구의 겨드랑이를 간지럽혀 보세요. 깔깔 웃는 친구 얼굴에 주름이 생기지요? 하지만 웃음을 멈추면 주름은 사라지고 평소처럼 팽팽한 얼굴로 돌아와요.

그렇다면 할머니들은 어떤가요? 큰 소리로 말했다가는 기분이 상하실 수도 있으니까 조용히 말해 봐요. 할머니 얼굴에는 평소에도 주름이 있지요? 왜 할머니 얼굴에는 여러분과 달리 주름이 계속 남아 있을까요?

그 비밀은 피부의 진피에 숨겨져 있어요. 진피에는 가느다란 실 같은 콜라겐 섬유와 탄성 섬유가 그물망처럼 단단히 얽혀 있어요. 그 덕분에 피부는 탄력을 유지할 수 있지요. 하지만 나이를 먹으면 이 두 섬유의 수가 줄고 힘도 약해져서 피부가 원래대로 돌아가지 못해요. 그래서 주름이 생기는 거랍니다.

주름은 세월이 주는 훈장이니 자랑스러워해도 좋아요.

어떻게 만들어지나요?

콜라겐 섬유와 탄성 섬유는 모두 단백질로 이루어져 있어요. 콜라겐 섬유는 콜라겐, 탄성 섬유는 엘라스틴이라는 단백질로 되어 있지요.

이 두 단백질의 수는 늘지 않아요. 오히려 햇빛 속의 자외선이 피부의 진피에 닿으면 콜라겐 섬유를 망가뜨리지요. 그러면 주름이 늘어나요.

균형 잡힌 식사를 하면 피부 노화를 억제할 수 있지만 한계는 있어요. 엄마와 아빠, 할머니와 할아버지에게 주름이 많은 것은 그만큼 인생을 열심히 살아왔다는 증거랍니다.

● 주름 없는 피부와 주름진 피부

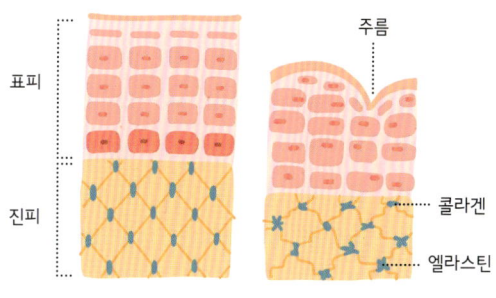

허물 훌러덩 씨

바닷가 같은 데서 자외선을 오래 쬐면 허물이 벗겨져요.

햇볕에 타면 자꾸자꾸 벗겨지는 피부!

살 살

슬슬 벗겨지는 허물은 바로 각질이에요.

나오는 곳	종류	고체
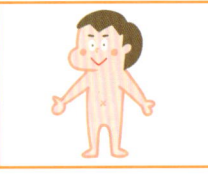	나올 때	햇볕에 탔을 때
	주요 성분	각질

중요도

더러운 정도

왜 나올까요?

여름에 바닷가나 야외 수영장에서 놀다 보면 피부가 새까맣게 그을려요. 그리고 며칠 지나면 피부에서 허물이 슬슬 벗겨지지요. 햇볕 때문에 생긴 각질이 벗겨지는 거예요.

피부는 표피, 진피, 피하 조직으로 이루어져 있고, 표피는 다시 네 개의 층으로 나뉜다는 거 이미 알고 있지요?(23쪽 참고)

표피의 가장 아래층인 기저층에서는 새로운 세포가 끊임없이 만들어져요. 낡은 피부 세포는 점점 위로 올라가 14일쯤 지나면 표피의 가장 위층인 각질층에 도착하지요.

각질층에는 죽은 세포들이 모여 피부 속을 지키다가 때가 되어 몸에서 떨어져 나가요. 하지만 강한 햇볕을 받으면 각질층의 세포가 바싹 말라서 벗겨진답니다.

피부가 햇볕에 타면 말라서 벗겨지는구나.

햇볕에 타면 왜 까매질까요?

햇빛 속의 자외선은 피부의 천적이에요. 자외선은 표피뿐만 아니라 혈관이 있는 진피까지 들어가 상처를 입히려고 하지요.

이런 자외선을 막아 주는 것이 표피 아래에 있는 멜라닌 세포예요. 멜라닌 세포는 표피가 자외선의 공격을 받으면 멜라닌이라는 색소를 만들어 표피 전체에 흩뿌리지요.

햇볕에 탄 피부가 까매지는 건 멜라닌 색소가 검은색을 띠기 때문이에요.

멜라닌 색소는 온 힘을 다해 자외선이 진피에 닿지 못하게 해요. 하지만 시간이 지나 각질이 벗겨지면 햇볕에 탄 흔적도 사라져요. 표피에 들어 있던 멜라닌 색소도 함께 벗겨지기 때문이지요.

● 까맣게 탄 피부

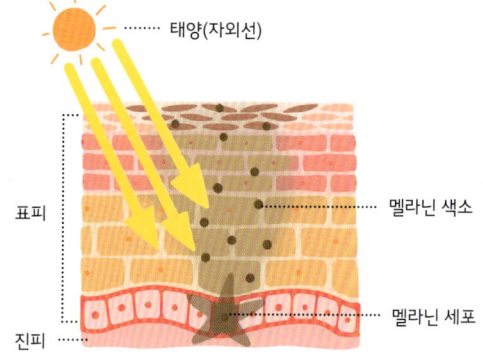

점 외계인

멜라닌 세포의 변형인 모반 세포나 멜라닌 세포가 뭉쳐진 것이 점이에요.

몸에 몇백 개씩 있는 작고 검은 것!

모든 점이 다 검은색은 아니에요. 갈색 점도 있고 푸른 점도 있답니다.

생기는 곳

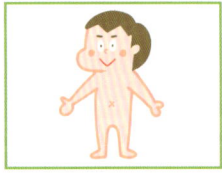

종류	피부
생길 때	언제나
주요 성분	모반 세포나 멜라닌 세포

중요도

더러운 정도

왜 생길까요?

피부를 자세히 들여다보면 곳곳에 검은깨 같은 것이 눈에 띄어요. 바로 점이지요. 점은 왜 생기는 걸까요?

피부 표피에 있는 멜라닌 세포는 멜라닌 색소를 만들어 자외선을 막아 주는 아주 든든한 세포예요(35쪽 참고). 그런데 멜라닌 세포가 모반 세포로 변하기도 해요.

모반 세포도 멜라닌 색소를 만들어요. 멜라닌 세포가 만든 멜라닌 색소는 대부분 때가 되어 몸에서 떨어져 나가지만, 모반 세포가 만든 멜라닌 색소는 피부에 계속 남아 있어요. 이 모반 세포가 한데 뭉쳐 있는 것이 점이지요.

●점의 구조

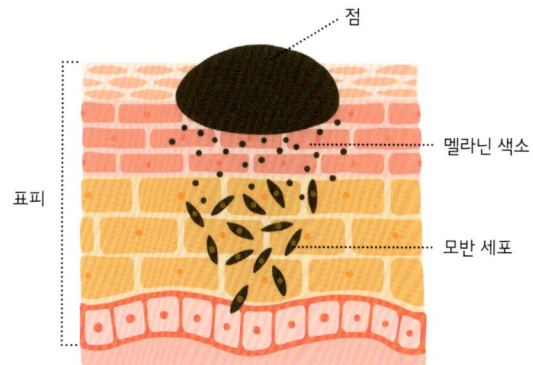

까만 멜라닌 색소가 든 모반 세포 덩어리가 점이래!

어디에 생기나요?

우리 몸에는 보통 몇백 개에 이르는 점이 있어요. 점은 몸 여기저기에 생기지만 얼굴에 가장 많이 생기지요. 흔히들 점은 검은색이라고 생각하지만 꼭 그렇지는 않아요. 갈색 점도 파란 점도 있답니다. 점이 생기는 곳에 따라 색이 다르게 보이는 거지요.

점은 보통 피부 위에 생기지만, 가끔은 피부 안쪽에도 생겨요. 이런 경우 피부색과 섞여서 파랗게 보여요.

갓난아기 때는 점이 거의 없지만, 점점 늘어나요. 특히 청소년기나 임신기에 많이 생긴답니다.

얼룩덜룩하거나 형태가 일그러진 점은 병 때문일 수도 있습니다.

눈물 또록 씨

눈물의 성분은 땀이나 오줌과 똑같아요.

몸에서 나오는 물질 중에서 가장 아름다운 존재

눈을 깜빡일 때마다 눈 표면에 0.01밀리미터 두께의 눈물막이 생겨요.

나오는 곳

종류	액체
나올 때	언제나
주요 성분	대부분 물

중요도
★★★★★

더러운 정도

왜 나올까요?

이 말을 들으면 깜짝 놀라겠지만, 눈물은 땀이나 오줌과 성분이 거의 같아요. 그런데도 몸에서 나오는 것 중에서 가장 아름답다는 소리를 듣지요. 감동을 받거나 슬플 때 주로 눈물을 흘리기 때문이에요.

우리는 왜 감동을 받으면 눈물을 흘릴까요? 그 이유는 알려져 있지 않아요. 여러분 중 누군가 생명 공학자가 되어 이 비밀을 풀어 주면 좋겠네요.

그런데 눈물은 감동적일 때만 나오는 건 아니에요. 잠을 자는 동안에도 눈 속에서는 끊임없이 눈물이 나오지요. 눈물은 눈알이 마르는 것을 막아 눈 건강을 지켜 줘요.

눈에 먼지가 들어갔을 때 눈물이 많이 나는 것도 눈을 보호하기 위해서예요. 눈물을 흘려서 먼지를 바깥으로 내보내려는 거랍니다.

눈물은 하루에 0.7밀리리터 정도 나옵니다.

어떻게 만들어지나요?

눈물은 윗눈꺼풀 바깥쪽, 눈꼬리 근처에 있는 눈물샘에서 만들어져요. 눈을 깜빡거리면 눈 표면 전체에 눈물막이 생기지요. 막의 두께는 겨우 0.01밀리미터밖에 되지 않아요. 그런데도 눈물의 증발을 막는 지방층, 각막에 산소와 영양분을 공급하는 수분층, 눈물막을 각막에 고정해 주는 점막층까지 세 개 층으로 이루어져 있지요. 이 세 개 층이 안구를 보호하고 있는 거예요.

눈물샘에서 나온 눈물은 10퍼센트 정도가 공기 중으로 날아가고, 나머지는 눈물점을 지나 코와 가까운 눈물주머니에 잠깐 고여요. 그러고는 코눈물관을 통해 코로 나와 자신의 역할을 마치지요.

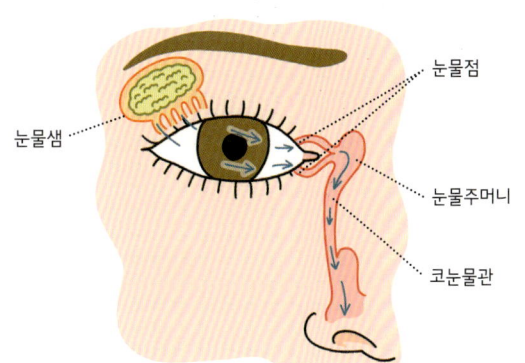

● 눈물의 이동 경로

눈물샘 · 눈물점 · 눈물주머니 · 코눈물관

 칼럼

눈물 친구들

여러분은 어떨 때 눈물을 흘리나요?
지금부터 눈물 친구들을 소개합니다!

슬픔의 눈물
엉엉 씨

슬퍼서 엉엉 울고 싶어!

괴롭거나 슬플 때, 우리는 눈물을 흘려요. 한바탕 울고 나면 마음이 후련하지요.

감동의 눈물
또르륵 씨

아, 정말 감동적이야!

감동을 받거나 정말 기쁠 때도 눈물이 뺨을 타고 흘러내려요.

양파 눈물
맵찔 씨

양파를 써는 데 왜 눈물이 나지?

양파를 썰면 술폭시드라는 기체 화합물이 나와요. 이 기체가 눈에 닿아 눈물이 나는 거지요.

웃음의 눈물
깔짝 씨

너무 웃겨서 눈물이 다 나네!

눈물 날 정도로 웃었던 경험 없나요?

눈곱돌

눈곱에는 건조한 것과 끈적끈적한 것 두 종류가 있어요.

갈 곳을 잃은 눈물의 마지막 모습

땀과 지방이 섞인 눈물이 마르면 눈곱이 돼요.

나오는 곳		
	종류	고체
	나올 때	잠자는 동안
	주요 성분	눈물, 땀, 지방

중요도

더러운 정도

왜 나올까요?

아침에 일어나면 눈머리나 눈시울, 눈꼬리에 눈곱이 더덕더덕 끼어 있지 않나요?

잠에서 깨어나 생활하는 동안에는 눈곱이 잘 끼지 않아요. 왜 눈곱은 잠자는 동안에만 나올까요?

눈물샘에서 만들어진 눈물이 눈머리에 있는 눈물점으로 흘러간다는 건 이미 알고 있지요?(39쪽 참고) 우리가 잠을 자는 동안에도 눈물샘에서는 부지런히 눈물을 만들어요. 그런데 잠을 잘 때는 눈을 깜빡이지 않으니까, 눈물이 눈물점으로 흘러가지 못해요. 갈 곳을 잃은 눈물은 눈머리나 눈시울, 눈꼬리에 고여요. 이렇게 고인 눈물은 눈머리 안쪽에 있는 눈물언덕에서 나온 땀이나 지방 따위와 섞이지요. 시간이 흘러 이 안에 든 물이 증발하고 덩어리지면 눈곱이 되는 거랍니다.

눈곱자기라고 부르는 사람도 있대!

어떤 종류가 있을까요?

눈곱은 건조한 덩어리인 경우가 많아서 손가락으로 가볍게 닦아 내면 쉽게 떨어져요. 그런데 끈적끈적한 눈곱이 나올 때가 있어요. 눈물 속에 든 '뮤신'이라는 단백질 때문이지요.

이런 눈곱은 갓난아기에게 많이 껴요. 눈물이 흐르는 통로인 눈물점과 코눈물관이 아직 가늘어서 눈에 눈물이 고이기 쉬운 까닭이지요. 아기는 스스로 눈곱을 뗄 수 없으니 어른이 도와줘야 해요.

더 알아봐요!

눈곱은 병이 있다는 신호?

눈곱이 너무 많이 끼면 눈병에 걸렸다는 신호일 수도 있어요.

건강한 사람은 눈곱이 많이 끼지 않아요. 만약 눈곱이 많이 낀다면 주의해야 해요. 노랗고 끈적끈적한 눈곱이 많이 나오면서 눈이 빨갛게 충혈되면 결막염에 걸린 것일 수도 있어요.

눈곱이 끼는 건 자연스러운 일이지만, 너무 많이 나오면 안과에 가 보세요.

속눈썹 깜빡 씨

속눈썹은 눈에 들어오려는 먼지를 막아 눈을 보호해요.

비와 먼지로부터 눈을 보호하는 지킴이

이물질의 정보를 파악해서 뇌에 위험을 알려요.

생기는 곳	종류	털	중요도
	생길 때	언제나	 ★★★★★
	주요 성분	단백질	더러운 정도 ★★★★★

왜 있을까요?

속눈썹이 얼마나 민감한지는 손끝으로 살짝만 만져 봐도 알 수 있어요. 손의 감촉이 바로 느껴지지요?

속눈썹은 모래나 먼지가 눈에 들어오기 전에 미리 알아차리고 뇌에 전달해서 눈을 감으라는 명령을 내리게 해요.

또 그 자체로도 모래나 먼지가 눈에 들어오지 못하게 막아 줘요. 골키퍼가 공을 막는 것처럼 말이에요. 속눈썹이 없으면 먼지가 곧장 눈으로 들어와서 함부로 돌아다닐 수도 없을 거예요.

> 속눈썹이 없으면 밖에도 못 나간다고?

눈썹의 역할은 무엇인가요?

눈썹은 대체로 속눈썹보다 굵어요. 눈썹머리의 털은 위쪽으로 나 있고, 중간 부분의 털은 얼굴 바깥쪽으로, 꼬리 부분의 털은 아래쪽으로 비스듬히 나 있어요. 빗방울이나 먼지가 눈에 들어오지 못하게 하려는 거지요.

눈썹은 햇빛을 막아 주기도 해요. 눈이 부실 때 얼굴을 찌푸리면 눈썹이 앞으로 조금 튀어나와 햇빛을 막아 주지요.

눈썹과 속눈썹은 하루에 0.18밀리미터쯤 자라요. 하루에 0.4밀리미터 자라는 머리카락의 절반쯤 되는 속도로 자라지요. 수명도 짧아서 3~4개월이면 성장을 멈추고 빠져 버린답니다.

> 눈썹은 인상을 결정하는 데 중요한 역할을 합니다.

왜 눈썹을 다듬나요?

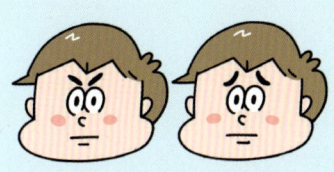

화난 표정 / 난처한 표정

눈썹이 브이 자 모양이면 화난 사람처럼 보여요. 팔자 모양이면 난처해 보이지요. 눈썹은 이렇듯 사람의 인상을 결정하는 데 중요한 역할을 해요. 사람들이 눈썹을 다듬는 건 좋은 인상을 주기 위해서랍니다.

다크서클 곰곰 씨

다크서클은 파란색, 검은색, 갈색, 이렇게 세 종류가 있어요.

피곤하면 눈 밑에 생기는 녀석!

파란색 다크서클은 눈 가에 혈액 순환이 잘 안 되면 생겨요.

생기는 곳		
	종류	피부
	생길 때	피곤할 때
	주요 성분	피, 멜라닌 색소

중요도

더러운 정도

왜 생길까요?

몸이 피곤하면 눈 밑에 어두운 그림자 같은 것이 생길 때가 있어요. 다크서클이 생긴 거지요.

다크서클은 파란색, 검은색, 갈색, 이렇게 세 가지가 있어요.

몸에 피로가 쌓이면 눈가의 혈액 순환이 잘 안 돼요. 눈가는 피부가 무척 얇아서 피가 잘 흐르지 않는 것이 피부 위에서도 보이지요. 파란색 다크서클은 이렇게 생긴답니다.

검은색 다크서클은 주로 나이 든 사람에게서 나타나요. 오랜 세월을 살면 눈 주변에 주름이 생기거나 아랫눈꺼풀이 처져요. 이렇게 처진 살이나 주름이 검은 그림자를 만드는 거지요.

갈색 다크서클은 눈가에 모인 멜라닌 색소가 비치는 거예요. 멜라닌 색소는 자외선을 막아 주지만, 강한 자외선에 오래 노출되면 멜라닌 색소가 너무 많이 생겨서 갈색 다크서클이 나타난답니다.

● 다양한 다크서클

갈색 다크서클 / 파란색 다크서클 / 검은색 다크서클

파란색 다크서클이 원래는 빨간색이라고요?

눈가의 혈액 순환이 잘 안 되면 피부 위에 파란색 다크서클이 나타난다고 했지요. 피는 빨간색인데 왜 파랗게 보일까요?

혈관은 피부로 덮여 있어서 피부 위에서는 혈관의 색과 피부의 색이 겹쳐 보여요. 검붉은 혈관 색에 피부색이 덮여 파란색으로 보이는 거지요. 손목의 혈관을 한번 보세요. 아마 파랗게 보일 거예요. 이것 역시 혈관 위에 피부가 덮여 있어 그런 거랍니다.

엄마 아빠 눈가에 다크서클이 있다면 피곤하다는 신호예요. 엄마 아빠가 쉴 수 있게 여러분이 도와주세요.

다크서클도 색깔이 여럿이구나.

우리 눈에 보이는 대부분의 혈관은 이산화 탄소를 품고 있는 정맥입니다.

코딱지 후비적 씨

코딱지는 우리가 들이마신 공기 속에 있던 먼지와 티끌이 뭉친 거예요.

콧물이 붙잡은 먼지가 바람에 마르면 코딱지가 돼요.

몸에서 나오는 것 중 파내고 싶은 것 1위!

나오는 곳

종류	고체
나올 때	언제나
주요 성분	콧물, 먼지

중요도

더러운 정도

왜 나올까요?

코로 숨을 내쉬어 보세요. 콧속에서 펄럭거리는 게 있지 않나요? 코에 손가락을 집어넣으면 손톱 사이에 끼어 나오는 것은? 그래요, 코딱지 말이에요.

"난 그런 짓은 안 해요!" 이렇게 말하는 사람은 조금 솔직해지는 것이 어떨까요? 앞으로는 부끄러워하지 말고 "가끔 코를 파요."라고 당당하게 말해 봐요.

코딱지는 왜 생길까요? 공기에는 먼지나 티끌 따위가 많이 섞여 있어서, 그대로 들이마시면 병에 걸리기 십상이지요. 코딱지는 우리가 들이마신 공기 속에 있던 먼지와 티끌이 뭉친 거예요. 코로 들이마신 공기가 깨끗하게 걸러졌다는 증거지요. 가끔 코딱지를 파는 것은 괜찮지만 먹으면 안 돼요.

● 코딱지가 생기는 과정

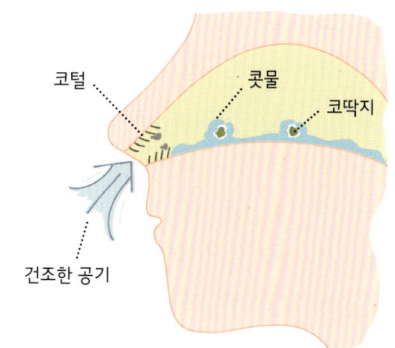

먹으면 안 되는구나!

어떻게 만들어지나요?

콧속에는 코털이 많이 나 있어요. 코털은 콧속에 들어온 먼지와 티끌이 허파로 들어가지 못하게 막아 주지요. 언제나 콧물로 축축하게 젖어 있어서 먼지를 쉽게 잡을 수 있거든요.

그렇지만 코털을 요리조리 피해 몸속으로 들어가려는 먼지도 있어요. 이런 먼지를 끈적끈적한 콧물(50쪽 참고)이 꽉 붙들어 주는 거예요.

이렇게 붙잡힌 먼지와 티끌은 처음에는 콧물에 젖어 끈적끈적해요. 하지만 우리가 건조한 공기를 계속 들이마시는 사이에 점점 말라서 코딱지가 된답니다.

공기가 더러우면 코딱지도 많이 생깁니다.

콧물 남매

콧속은 점막으로 덮여 있는데, 콧물은 거기에서 분비돼요.

코에 들어온 공기를 깨끗하게!

콧물은 콧속 공기가 적당한 습도를 유지하게 해 줘요.

나오는 곳

종류	액체
나올 때	추울 때
주요 성분	대부분 물

중요도

더러운 정도

왜 나올까요?

우리 몸은 코와 입으로 들이마신 공기를 끊임없이 허파로 보내요. 하지만 차갑고 건조한 공기가 곧장 허파로 들어가면 안 되기 때문에 코에서 온도와 습도를 조절해 주지요. 그중에서도 습도를 조절하는 역할을 하는 것이 바로 콧물이에요.

콧물은 공기 중의 먼지와 세균이 허파에 들어가지 못하게 막아 주기도 해요.

하루에 나오는 콧물의 양은 1리터나 돼요. 그런데 왜 콧구멍에서 콧물이 줄줄 흘러나오지 않을까요?

콧속에는 섬모라고 하는 가느다란 털이 빽빽하게 나 있어요. 섬모는 1초에 10번 정도 움직이며 콧물을 코 뒤쪽으로 보내지요. 그래서 평소에 콧물이 줄줄 흘러 나오지 않는 거예요.

● 콧물이 코에서 나오지 않는 이유

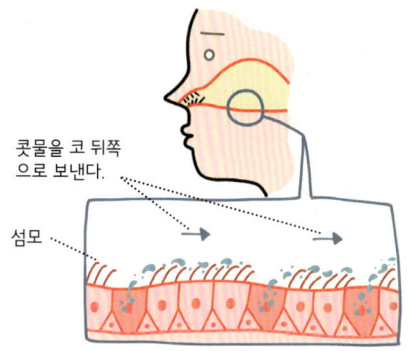

콧물을 코 뒤쪽으로 보낸다.
섬모

어떻게 만들어지나요?

콧물은 콧속을 뒤덮고 있는 점막에서 계속해서 분비돼요. 평소에는 콧구멍 밖으로 흘러나오지 않지만, 추울 때면 주르륵 흘러나오기도 하지요. 콧속에 있는 섬모의 움직임이 느려져서 콧물을 평소처럼 코 뒤쪽으로 보내지 못하기 때문이에요.

감기에 걸려도 콧물이 계속 나와요. 감기 바이러스는 콧속 점막을 붓게 만들어요. 그래서 바이러스를 물리치려고 평소보다 많은 콧물이 나오지요. 하지만 섬모의 움직임만으로는 평소보다 많은 콧물을 코 뒤쪽까지 보낼 수 없어서 콧물이 흘러나오는 거예요.

하루에 콧물이 1리터나 나온다고?!

콧물은 섬모의 움직임을 따라 1분에 6밀리미터씩 코 뒤쪽으로 들어갑니다.

칼럼

콧물 친구들

콧물은 친구가 많아요.
여러분은 어떤 콧물과 친해지고 싶나요?

누런 콧물 끈끈 씨

누런 콧물의 정체는 코에서 나오는 고름

흔히 축농증이라고 하는 부비강염에 걸리면 누런 콧물이 나와요. 영양이 풍부한 음식을 부족함 없이 먹는 오늘날에는 부비강염을 앓는 어린이들이 많이 줄었어요.

추위 콧물 훌쩍 씨

콧물이 바깥 공기를 우리 몸에 딱 맞게 바꿔 줘.

차가운 공기가 코에 들어오면 흘러나오는 맑은 콧물. 감기에 걸린 건 아니랍니다.

꽃가루 알레르기 콧물
주르륵 씨

꽃가루를 들이마시면 주르륵!

화분증은 봄철에 꽃가루가 눈이나 콧속 점막에 닿아서 일어나는 알레르기 증상이에요. 투명한 콧물이 나오지요.

감기 콧물 줄줄 씨

감기 바이러스를 물리치자!

감기에 걸리면 멈추지 않고 흐르는 콧물. 손에서 휴지를 내려놓을 수가 없어요.

코피 펑펑 씨

코는 점막이 얇아서 피가 잘 나!

콧속은 점막이라는 아주 얇은 조직으로 덮여 있어요.

코 앞쪽은 특히 점막이 얇아서 코피가 잘 나요.

나오는 곳		
	종류	액체
	나올 때	코가 자극 받았을 때
	주요 성분	피

중요도

더러운 정도

왜 나올까요?

사람의 피부는 바깥쪽에서부터 표피, 진피, 피하 조직, 이렇게 세 개의 층으로 이뤄져 있어요.(23쪽 참고) 혈관은 피하 조직에 있지요. 상처를 입었을 때 피가 나는 건 상처가 피하 조직에까지 닿아서 혈관이 찢어졌기 때문이에요.

코피가 나는 것도 혈관이 찢어져서예요. 그런데 코는 다른 곳보다 피가 잘 나요. 콧속은 표피와 진피로 이뤄진 피부와 달리 점막이라는 얇은 조직으로 덮여 있거든요. 코 앞쪽은 특히 점막이 얇은 데다 가느다란 혈관이 많이 모여 있어요. 이곳을 '키젤바흐 부위'라 부르지요. 키젤바흐 부위는 살짝만 자극해도 점막에 상처가 나고 혈관이 찢어져서 코피가 나요.

● 코피가 나는 과정

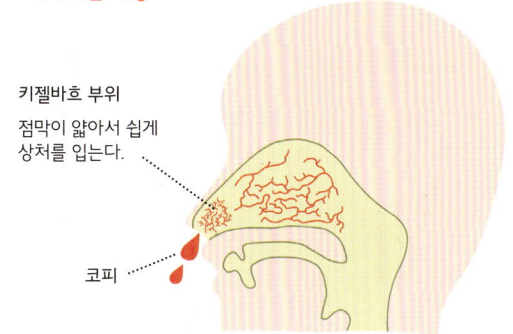

키젤바흐 부위
점막이 얇아서 쉽게 상처를 입는다.

코피

왜 뜨거운 물에 오래 들어가 있으면 코피가 날까요?

뜨거운 물에 몸을 오래 담그고 있으면 머리가 빙글빙글 돌면서 코피가 나기도 해요. 체온이 오르거나 기온이 높아지면 코에 있는 가느다란 혈관으로 한꺼번에 많은 피가 몰려요. 그러면 혈관이 부풀어 오르다가 찢어지기도 하지요. 풍선을 너무 크게 불면 터지는 것처럼 말이에요. 그래서 코피가 나는 거예요.

혹시 부모님한테서 초콜릿을 많이 먹으면 코피가 난다는 말을 들은 적 있나요? 사실 의학적으로 근거가 없는 말이에요. 아마 아이가 단것을 너무 많이 먹지 않았으면 하는 마음에서 나온 말일 거예요.

코는 정말 민감하구나!

코피가 날 때는 고개를 앞으로 숙이고 엄지와 검지로 코를 10분 정도 눌러 주면 멈춥니다.

볼거리 퉁퉁 씨

양 볼이 터질 듯 부풀어 올랐어!

양 볼이 항아리처럼 볼록 솟아올라서 항아리손님이라고도 해요.

멈프스 바이러스는 기침이나 재채기를 통해 전염돼요.

생기는 곳

종류	피부
생길 때	볼거리에 걸렸을 때
주요 성분	바이러스

중요도

더러운 정도

왜 생길까요?

볼거리(유행성 이하선염)에 걸리면 볼이 빨갛게 부풀어서 통통한 항아리처럼 변해요. 열이 나고 두통이 오기도 하지요.

귀밑에는 침샘 중 하나인 귀밑샘(이하선)이 있는데, 이곳에 멈프스 바이러스가 침입하면 볼거리에 걸려요.

그러면 귀밑샘에서는 멈프스 바이러스를 물리치기 위해 전쟁이 벌어지지요. 볼이 빨갛게 부풀어 오르는 건 그래서랍니다.

어떻게 걸리나요?

사람한테서 옮는 병이구나.

볼거리의 원인인 멈프스 바이러스는 감염된 사람의 기침이나 재채기, 또는 감염된 사람과의 직접 접촉으로 전염돼요. 바이러스가 묻은 문고리를 손으로 만진 뒤 입이나 코를 만져도 몸 안에 들어오지요.

볼거리는 증상이 나타나기까지 2~3주가 걸리다 보니, 자신도 모르는 사이에 남에게 옮기는 경우가 많아요.

볼거리에 걸렸던 사람은 대부분 다시 걸리지 않아요. 사람은 병과 싸우고 나면 그 병을 물리치는 능력, 그러니까 면역력을 얻거든요. 그래서 대부분 두 번 다시 걸리지 않는 거예요. 물론 드물게 여러 번 걸리는 경우도 있어요.

더 알아봐요!

예방 주사는 왜 맞나요?

볼거리나 독감이 유행하면 예방 주사를 맞아요. 예방 주사 안에는 약한 바이러스나 세균이 들어 있어요. 그것을 몸속에 넣어서 면역을 담당하는 세포들과 싸우게 만들지요. 그러고 나면 그 병을 물리치는 능력(면역력)이 생기는 거예요.

볼거리는 보통 일주일쯤 지나면 부기가 가라앉으면서 낫습니다.

침 마녀

우리 몸에 영양을 공급하는 데 없어서는 안 되는 존재

침은 음식물을 영양분으로 바꿔 줘요.

침에는 맑은 물 같은 것과 끈적끈적한 것이 있어요.

나오는 곳		
	종류	액체
	나올 때	언제나
	주요 성분	살균 물질

중요도

더러운 정도

왜 나올까요?

사람의 입안에서는 늘 침이 나와요. 침은 침샘이라는 곳에서 하루에 1~1.5리터 정도 만들어지지요. 침샘은 귀밑, 턱밑, 혀밑 양쪽에 한 쌍씩 있어요. 입안에는 수백 개에 이르는 작은 침샘도 있는데, 여기에서도 침이 만들어지지요.

침의 역할은 다양해요. 우선 입안에 들어온 음식물을 축축하게 적셔서 삼키기 좋은 상태로 만들어요. 또 음식물 속의 녹말을 당으로 바꿔 줘요. 녹말 상태로는 우리 몸이 영양분을 흡수할 수 없거든요. 침이 음식물 속의 녹말을 당으로 분해해서 우리가 영양분을 흡수할 수 있는 거지요. 부모님이 "밥 꼭꼭 씹어 먹어."라고 잔소리하는 것도 알고 보면 영양분을 잘 흡수하게 하려는 지혜랍니다.

● 침이 나오는 장소

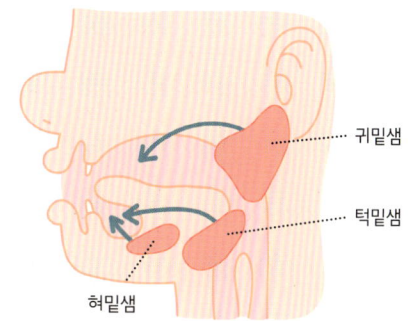

침은 왜 끈적끈적할까요?

침은 나오는 곳에 따라 성질이 달라요. 귀밑샘에서 나오는 침은 묽지만, 나머지 부분에서 나오는 침은 끈적끈적해요. 뮤신이라고 하는 당단백질이 들었기 때문이지요. 뮤신은 음식물이 입안에 상처를 입히지 않도록 보호해 줘요.

긴장하면 침이 잘 나오지 않고 끈적끈적해져요. 귀밑샘에서 나오는 묽은 침의 양이 줄어들기 때문이지요.

침은 음식을 먹을 때만 나오는 게 아니에요. 시큼한 음식만 봐도 침이 나오지요. 우리 뇌가 그 음식이 시큼하다고 기억하기 때문에 자연스럽게 침이 나오는 거예요.

침은 소독도 해 줍니다. 그러니 손가락을 베었을 때 침을 바르는 건 도움이 된답니다.

가래 맨

허파에 병이 생기지 않도록 막아 주는 슈퍼 히어로!

감기에 걸렸을 때 나오는 가래에는 죽은 세균이 섞여 있어서 조금 노란색을 띠어요.

가래는 바이러스나 세균이 허파에 들어오지 못하도록 기도에서 막아 줘요.

나오는 곳

종류	액체
나올 때	감기에 걸렸을 때
주요 성분	단백질

중요도

더러운 정도

왜 나올까요?

공기에 들어 있는 산소는 우리가 살아가는 데 꼭 필요해요. 코로 공기를 들이마시면 코털과 콧물이 공기 중의 먼지와 세균을 걸러 줘요.(49쪽 참고) 그렇게 한 번 걸러진 공기는 후두와 기관, 기관지로 이루어진 기도의 아랫부분을 지나 허파로 들어가지요.

허파는 공기 속의 산소를 받아들이고 이산화 탄소를 내보내는 중요한 곳이에요. 그런 만큼 허파에 들어가는 공기는 깨끗해야 하지요. 하지만 감기 따위에 걸려서 몸에 바이러스나 세균이 많이 들어오면, 코털과 콧물만으로는 다 막아 내지 못할 수도 있어요.

그럴 때 가래가 활약을 펼쳐요. 기도의 분비물인 가래는 기도에 들어오려고 하는 바이러스나 세균 따위를 꽉 붙들어 줘요. 그러면 우리 몸은 기침을 해서 가래와 함께 바이러스나 세균을 몸 밖으로 내보내지요. 흔히들 가래는 더럽다고 생각하지만, 사실은 우리 몸을 지켜 주는 슈퍼 히어로랍니다.

허파에 세균이 들어가면 폐렴 같은 병에 걸려요. 가래는 이를 막아 우리를 지켜 준답니다.

가래는 어떤 색인가요?

감기에 걸렸을 때 나오는 가래는 조금 노란색을 띠어요. 가래에 죽은 세균이 섞여 있기 때문이지요. 노란색 말고도 초록색이나 붉은색 가래가 나오는 경우도 있어요.

초록색 가래는 노란색과 마찬가지로 죽은 세균이 섞여 있는 경우가 많아요. 그리고 축농증에 걸렸을 때도 초록색 가래가 나오지요. 붉은색 가래는 기침을 너무 많이 해서 목 안쪽이 찢어지는 바람에 피가 섞여 나왔을 가능성이 높아요.

담배를 피우는 어른은 가래가 잘 끓어요. 담배 속 해로운 물질이 허파로 들어가지 못하도록 붙잡으려는 것이지요. 하지만 가래가 해로운 물질을 다 붙잡아 주지는 못해서 허파가 나빠지기 십상이에요. 담배는 이렇게 무서운 것이랍니다.

● 가래의 종류

붉은색 가래   초록색 가래

치태 악당

이가 더러우면 이 표면에 끈적끈적한 때가 껴요.

우리 몸에 생기는 때 중에서 가장 나쁜 녀석!

이에 낀 때 속에는 충치균이 우글우글해요.

생기는 곳	종류	액체
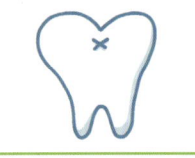	생길 때	이를 닦지 않으면
	주요 성분	음식물 찌꺼기, 세균

중요도

더러운 정도

왜 나올까요?

'때'라고 하면 피부의 때나 머리의 비듬을 먼저 떠올릴 거예요. 그런데 양치질을 게을리하면 이에도 때가 껴요. 우리 몸에서 나오는 때 중에서 해롭기로는 이의 때, 치태만 한 것이 없어요.

양치질을 하지 않으면 이 표면에 끈적끈적한 막이 생겨요. 이 막이 바로 치태인데, 치태 속에는 충치균이 우글거려요.

입안에선 늘 살균 물질이 든 침이 나와서(59쪽 참고) 충치균을 물리쳐요. 하지만 이에 끈적끈적한 치태가 끼어 있으면 침이 들어가서 충치균을 물리칠 수 없어요. 그러면 충치균은 이에 남아 있는 음식물 찌꺼기를 먹이 삼아서 끊임없이 산을 만들지요. 이 산이 이를 서서히 녹이면서 여러분이 그토록 무서워하는 충치가 생기는 거예요.

치태 1밀리그램에 충치균이 1~2억 마리나 들어 있대!

충치가 생기면 왜 이가 시릴까요?

이는 바깥에서부터 법랑질, 상아질, 치수로 이루어져 있어요. 법랑질은 우리 몸에서 가장 단단해서 딱딱한 음식물도 씹어서 부술 수 있지요.

노란빛이 나는 상아질은 이에서 가장 중요한 역할을 해요. 탄력이 있는 상아질이 법랑질 아래에서 쿠션 역할을 해서, 딱딱한 음식물을 씹을 때 법랑질이 부서지는 것을 막아 주거든요. 마지막으로 치수는 이의 심장부랍니다. 다른 두 부분과 달리 부드러우며 혈관과 신경이 많이 지나가지요.

치태가 생기면 충치균이 법랑질을 녹이고 점점 치수 쪽으로 들어가요. 충치균이 상아질까지 들어가면 이가 시리지요. 더 나아가 치수에까지 침입하면 신경이 직접 자극을 받아서 참을 수 없을 만큼 아프답니다.

● 이의 구조

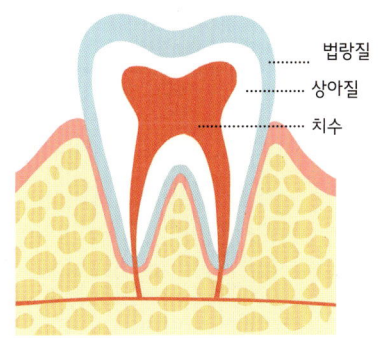

법랑질
상아질
치수

입술 각질 할멈

입술은 입안의 점막 일부가 바깥으로 나와서 생긴 거예요.

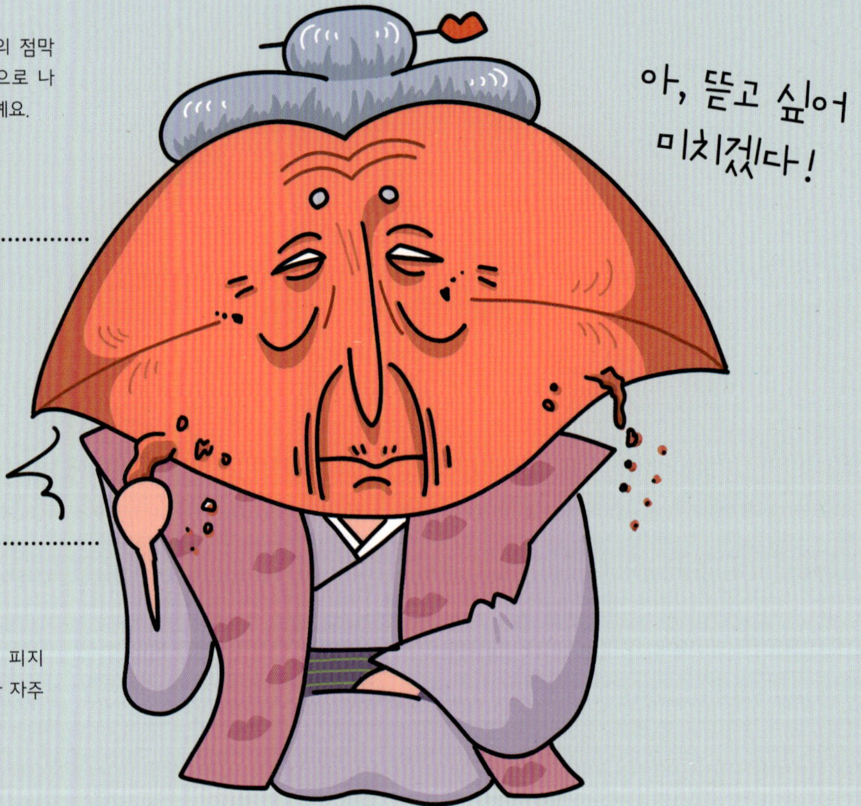

아, 뜯고 싶어 미치겠다!

입술 표면에는 피지가 나오지 않아 자주 말라요.

나오는 곳	종류	고체	중요도
	나올 때	건조할 때	
	주요 성분	각질	더러운 정도  

왜 나올까요?

입술은 왜 거칠고 건조할까요? 입술은 사람의 진화 과정에서 입안의 점막 일부가 밖으로 나온 거예요. 거울 앞에서 입을 벌려 보세요. 뺨 안쪽이 붉은색이지요? 입술은 그 부분과 똑같아요.

사람의 피부 표면은 각질층, 과립층, 가시층, 기저층으로 이뤄져 있다고 했지요?(23쪽 참고) 그런데 입술은 각질층이 몸의 다른 부분보다 훨씬 얇아서, 털도 나지 않고 피지나 땀도 나오지 않아요. 그래서 쉽게 건조해지지요.

입술에 각질이 생기는 건 건조해서예요. 특히 추운 겨울날이면 피부가 더 쉽게 건조해져서 입술 표면이 거칠어져요. 추위가 더 심해지면 입술이 갈라져서 피가 나오는 일도 있지요.

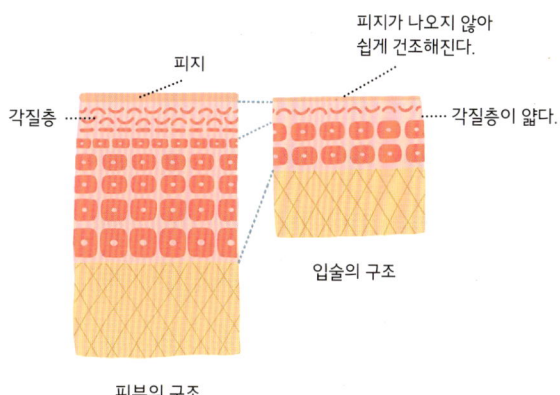

● 쉽게 건조해지는 입술의 구조

피지 / 각질층 / 피지가 나오지 않아 쉽게 건조해진다. / 각질층이 얇다. / 입술의 구조 / 피부의 구조

떼면 안 될까요?

각질을 억지로 떼어 내면 주변 피부까지 상처를 입기 쉽습니다.

입술에 각질이 생기면 자신도 모르게 떼어 내곤 해요. 하지만 절대로 입술의 각질을 뜯어서는 안 돼요. 건조해진 부분뿐만 아니라 주변 피부까지 벗겨져 피가 나기 쉽거든요.

손톱 주변의 딱딱한 피부도 함부로 뜯으면 안 돼요. 이 피부도 몸 안에 세균이 들어오지 못하게 막고 있거든요.

겨울이 되면 손톱 주변의 피부도 건조해져서 거스러미가 일어나거나 갈라지곤 해요. 손으로 거스러미를 뜯으려다 주변 피부까지 벗겨질 수 있지요. 그러면 그곳으로 세균이 들어가 염증이 생길 수 있으니까, 손으로 뜯지 말고 손톱깎이나 손톱 가위로 거스러미만 잘라 내요.

비듬 소년

눈처럼 부슬부슬 흩날리는 비듬!

몸의 다른 부분에서 때가 나오는 것처럼 머리에서도 때가 나와요. 그게 바로 비듬이지요.

비듬이 지나치게 많이 생기면 지루 피부염을 의심해 봐야 해요.

나오는 곳

- 종류: 고체
- 나올 때: 언제나
- 주요 성분: 각질

중요도

더러운 정도

왜 나올까요?

앞서 말했듯 피부의 표피는 바깥쪽에서부터 각질층, 과립층, 가시층, 기저층으로 이뤄져 있어요. 기저층에서는 끊임없이 새로운 피부 세포가 만들어져요. 기저층에서 만들어진 새로운 피부 세포는 14일 동안 조금씩 바깥쪽으로 올라온 뒤, 마지막으로 때가 되어 자신의 역할을 마쳐요.(23쪽 참고)

때는 온몸의 피부에서 나와요. 물론 머리에서도 나오지요. 머리에서 나오는 때가 바로 비듬이에요.

머리의 피부, 그러니까 두피에는 머리카락이 빽빽하게 나 있어서 두피에서 떨어져 나온 피부 세포가 머리카락 속에 머무르기 쉬워요. 그렇게 머리카락 속에 머물러 있던 죽은 세포가 먼지나 기름 따위와 섞여 비듬이 되지요. 반투명한 비듬은 마치 겨울에 내리는 눈 같아요.

두피가 건강하면 비듬은 좀처럼 눈에 띄지 않고, 머리를 감으면 자연스럽게 떨어져 나간답니다.

비듬 터는 거 너무 좋아!

왜 비듬이 많이 생길까요?

비듬은 머리를 감으면 자연스럽게 떨어져 나가요. 하지만 특히 비듬이 많이 생기는 사람도 있어요. 바로 지루 피부염이 있는 사람이지요.

두피의 각질층에는 말라세치아라는 곰팡이균이 살아요. 말라세치아균은 피지를 먹으며 살아가지요. 그런데 피지가 너무 많이 나오거나 머리를 안 감아서 두피에 피지가 많이 남아 있으면 말라세치아균이 마구마구 늘어나요. 그러면 끈적끈적한 비듬이 잔뜩 생겨난답니다.

반대로 머리를 너무 자주 감아도 비듬이 많이 생겨요. 피지가 너무 적어도 두피가 건조해서 비듬이 생기기 쉽거든요. 어깨에 하얀 비듬이 우수수 떨어진다면 머리를 너무 자주 감은 탓일 수도 있어요.

● 비듬 있는 사람의 머리

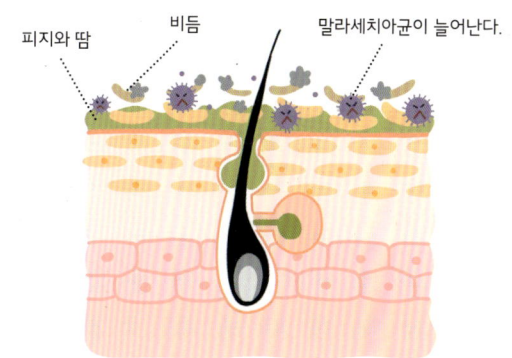

털보 머털 씨

머리카락은 털구멍 깊숙한 곳에 있는 털망울에서 만들어져요.

머리카락은 한 달에 1센티미터쯤 자라고 빠르면 2년, 늦으면 8년 뒤에 빠져요.

털 중의 왕인 머리카락은 자그마치 10만 개!

생기는 곳

종류	털
생길 때	언제나
주요 성분	단백질

중요도

더러운 정도

왜 나올까요?

우리 몸에서는 다양한 털이 자라요. 털 중의 털은 바로 머리카락이지요.

머리카락은 자라는 기간과 속도가 다른 털과는 비교가 되지 않아요. 짧게는 2년, 길게는 8년에 걸쳐 자라거든요. 한 달에 1센티미터쯤 자라는데, 한 달에 0.5센티미터쯤 자라는 눈썹에 비하면 두 배나 빠른 속도로 자라는 셈이에요. 8년이면 100센티미터 가까이 자라지요.

하지만 자라는 속도보다 더 굉장한 것은 그 양이에요. 자그마치 10만 개나 되거든요.

왜 머리카락은 다른 털과 달리 길고 덥수룩할까요?
우선은 더위로부터 머리를 지키기 위해서예요. 우리 머리에 들어 있는 뇌는 직사광선을 받으면 멍해지는데, 그것을 머리카락이 막아 줘요. 반대로 추울 때는 체온이 갑자기 떨어지지 않게 해 주지요.

머리카락은 머리를 부딪쳤을 때 충격을 덜어 주기도 해요. 수북한 머리카락이 쿠션 역할을 하는 것이지요.

> 머리카락은 체온도 유지하고, 상처도 막아 주는구나.

어떻게 만들어지나요?

머리카락은 털줄기와 털뿌리(모근)로 나뉘어요. 우리가 흔히 머리카락이라고 부르는 부분이 털줄기이지요. 털뿌리는 털구멍 안쪽에 있어서 볼 수 없어요.

털뿌리 가장 밑바닥에는 털망울이 있는데, 여기에서 머리카락이 만들어져요. 털망울 속에는 털을 만드는 모모세포가 수없이 많아요. 모모세포는 털유두의 모세혈관에서 영양분을 흡수하며 분열에 분열을 거듭해요. 이렇게 만들어진 새로운 세포가 앞서 만들어진 세포를 계속 위로 밀어 올리다 보면 어느샌가 털구멍 밖으로 나오게 되지요. 이렇게 털구멍 밖으로 나온 부분이 우리가 아는 머리카락이에요. 머리카락은 이 과정을 되풀이하며 8년 가까이 자란답니다. 다 자란 머리카락이 빠지고 나면 새로운 머리카락이 자라기 시작하지요.

● 머리카락의 구조

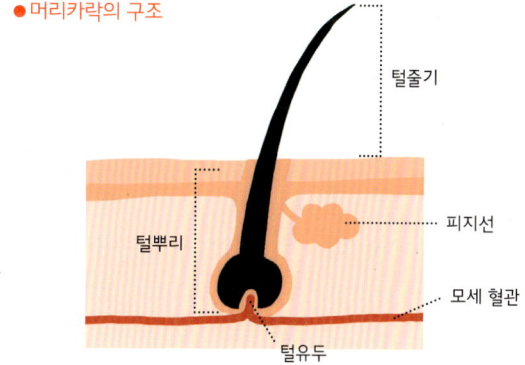

 칼럼

머리카락 친구들

머리카락의 색과 모양은 사람마다 달라요.
대표적인 머리 모양을 소개할게요.

드문드문 흰머리

나이가 들면 나는
흰색 머리카락

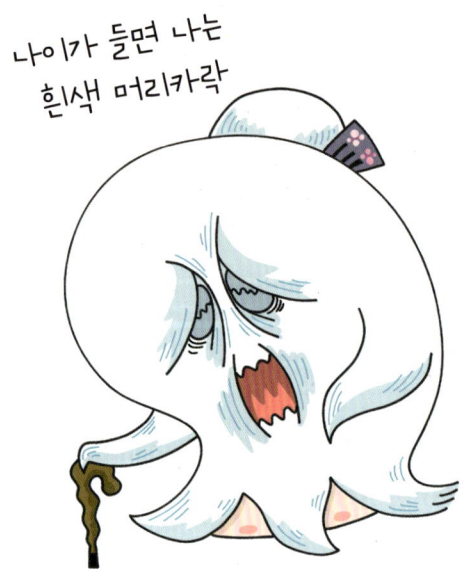

부모님 머리를 잘 살펴보세요. 흰머리가 드문드문 나 있을지도 몰라요.

매끈매끈 대머리

매끈매끈한
머리통이 귀여워!

나이를 먹으면 머리카락이 빠져서 대머리가 될 수도 있어요. 일부러 머리카락을 미는 사람도 있어요.

알록달록 염색 머리

머리카락을
갈색으로 물들였어!

머리카락을 염색해서 다른 색으로 바꾸기도 해요. 여러분은 어떤 색이 가장 마음에 드나요?

가닥가닥 레게 머리

레게 음악을 하는 사람들이
많이 하는 머리 모양

머리카락을 가닥가닥 나누어 땋아서 새끼줄처럼 만든 거예요.

혹 불룩 씨

머리를 쾅 부딪치면 생기는 동그랗고 볼록한 녀석!

머리에 난 상처를 낫게 하려고 모여든 피가 고여서 동그랗게 부푼 것이 바로 혹이에요!

혹은 머리에 가장 잘 생겨요.

생기는 곳	종류	피부	중요도
	생길 때	머리를 부딪쳤을 때	 ★★★☆☆
	주요 성분	피	더러운 정도 ★☆☆☆☆

왜 생길까요?

머리를 쿵 부딪치면 그 부분이 부어오를 때가 있어요. 바로 혹이 난 거지요. 여러분도 머리에 혹이 난 적이 있을 거예요. 그런데 팔이나 엉덩이를 부딪쳤을 때도 혹이 생겼나요? 아마 아닐 거예요.

몸을 어딘가에 세게 부딪치면 피부밑에 있는 혈관이 찢어져 피가 흘러나와요. 이때 피부가 찢어지면 피가 몸 밖으로 나오지만, 그렇지 않으면 피가 피부와 뼈 사이에 있는 근육과 지방으로 퍼져 나가서 파랗게 멍이 들어요.

그런데 머리에는 파란 멍 대신 혹이 생겨요. 두피와 머리뼈 사이에는 근육이나 지방이 거의 없어서 흘러나온 피가 모여 두피가 부풀어 오르는 거지요.

● 혹의 구조

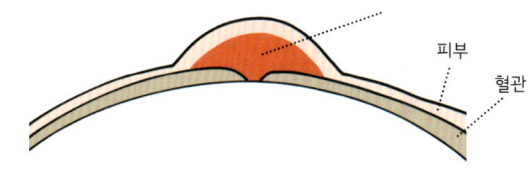

혹은 어디로 가나요?

혹이 생기면 한동안은 아파요. 시간이 지날수록 통증은 가라앉고, 크기가 작아지다가 어느새 사라지지요.

그렇다면 혹 안에 들어 있던 피는 어디로 가 버린 걸까요? 몸속에서 혈관 밖으로 나온 피는 다시 혈관으로 흡수돼요. 혹에 들어 있던 피도 혈관으로 돌아가지요.

혹은 대부분 딱딱해요. 안에 든 피가 굳었기 때문이에요. 가끔은 안에 든 피가 완전히 굳지 않아 말랑할 때도 있어요.

어떤 혹이든 시간이 지나면 사라지니 너무 걱정할 필요는 없어요.

귀지 천왕

귀에서 나오는 기분 나쁜 녀석이지만 우리 몸을 지켜 줘!

귀지는 귀에 들어오는 이물질을 붙잡아 우리 몸을 보호해요.

귓속 벽에서는 끈적거리는 분비물이 나와요. 이 분비물이 피부의 때와 섞여 귀지가 돼요.

나오는 곳

종류	고체
나올 때	언제나
주요 성분	귀의 분비물

중요도

더러운 정도

왜 나올까요?

귀지도 피부의 때나 머리의 비듬처럼 피부가 다시 태어나면서 생기는 것으로 생각하기 쉬워요. 하지만 귀지는 조금 달라요.

귓구멍에서 고막까지는 터널처럼 이어져 있어요. 이 터널 벽에서는 끈적끈적한 분비물이 나오지요. 이 분비물과 피부에서 나온 때가 섞인 것이 귀지랍니다.

귀지는 쓸모가 아주 많아요. 귓구멍의 피부를 보호하고, 더러운 물질이 귓속으로 들어가는 것을 막아 주거든요.

그뿐만이 아니에요. 혹시 몰래 귀지를 먹어 본 적 있나요? 먹어 본 사람들은 입을 모아 "진짜 써!"라고 말할 거예요. 이 쓴맛 때문에 벌레가 귓속으로 날아들지 않는답니다.

이렇게 귀지는 우리 몸을 지켜 주는 정말 중요한 존재예요.

귀지를 파야 할까요?

귓구멍에서 고막까지를 바깥귀길(외이도)이라고 해요. 우리가 말을 하거나 밥을 먹느라 턱을 움직이면 바깥귀길도 같이 움직여요. 귀지는 바깥귀길이 움직일 때마다 컨베이어 벨트에 올라탄 것처럼 조금씩 몸 바깥으로 밀려 나와요. 그러니 따로 귀 청소를 할 필요 없어요.

하지만 귀지가 끈적끈적한 사람은 귀 청소를 하는 게 좋아요. 귀지가 귓속에 머물러 있기 쉽거든요.

귀지는 점성이 있는 끈적끈적한 것과 가루처럼 푸슬푸슬한 것으로 나뉘어요. 이것은 유전이라 끈적끈적한 귀지가 나오는 사람은 평생 그런 귀지만 나와요. 한국인 같은 황인종의 80퍼센트는 푸슬푸슬한 귀지가 나오고, 백인이나 흑인의 70퍼센트는 끈적끈적한 귀지가 나온대요. 여러분은 어떤 귀지가 나오나요?

● 귀지가 밖으로 나오는 과정

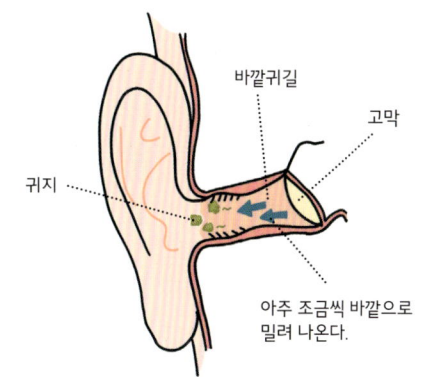

여드름 치어리더

청춘의 상징이지만 성가신 친구!

여드름은 피지의 양이 늘어나는 사춘기에 잘 생겨요.

여드름을 짜면 흉터가 생길 수 있으니 꼭 참아요!

생기는 곳		
	종류	고체와 액체의 중간
	생길 때	피지가 많이 나올 때
	주요 성분	피지, 여드름균

중요도

더러운 정도

왜 생길까요?

사람의 털구멍에서는 털만 나오지 않아요. 털구멍 근처에는 피지선이 있어서 피지라고 하는 기름을 만들어 내지요. 이 기름은 털구멍을 통해 밖으로 나와서 피부가 건조해지는 것을 막아 줘요.

하지만 피지가 지나치게 많이 나오면 문제가 생겨요. 피지가 털집 벽을 자극해서 피부 세포가 더 빨리 떨어지게 만들거든요. 그뿐만이 아니에요. 피지를 먹고 사는 여드름균도 늘어나요. 이 여드름균은 피지 속의 중성 지방을 분해해 지방산을 만들고, 지방산은 다시 털집 벽을 자극해서 피부 세포가 떨어져 나오게 만들어요. 그러면 피지와 여드름균, 떨어져 나온 피부 세포가 뭉쳐 털구멍을 막는 딱딱한 면포가 되고 끝내는 염증까지 일으키지요. 이게 바로 여드름이에요.

사춘기에 여드름이 많이 생기는 것은 남녀 모두 남성 호르몬이 늘어나는 시기이기 때문이에요. 남성 호르몬은 피지선을 자극해서 피지 분비를 활발하게 만들어요.

우리 형 얼굴에도 여드름이 있어!

어떤 종류가 있나요?

여드름은 털구멍이 열려 있는지, 닫혀 있는지에 따라 종류가 나뉘어요. 털구멍이 닫혀 있으면 털구멍 속의 면포가 하얗게 비치는 흰 여드름이 생겨요. 털구멍이 열려 있으면 면포 위에 멜라닌 색소가 쌓여 검은 여드름이 생기지요.

이 두 여드름은 얼굴을 꼼꼼히 씻으면 자연스럽게 사라져요. 하지만 여드름을 터트리면 일이 커지지요. 여드름이 있던 자리에 상처가 나서 세균이 침입하면 백혈구가 몰려와서 세균을 공격해요. 그러면 그 자리가 빨갛게 부어오르면서 붉은 여드름이 되지요. 붉은 여드름이 생기면 흉터가 남을 가능성도 커져요. 여드름이 생기면 터트리고 싶은 마음이 굴뚝같겠지만 그래도 꾹 참아야 해요.

● 여드름이 생기는 과정

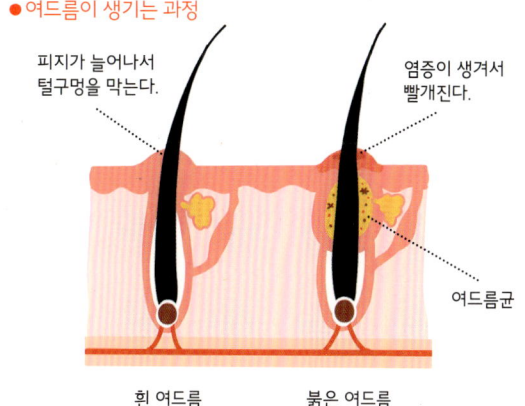

피지가 늘어나서 털구멍을 막는다.
염증이 생겨서 빨개진다.
여드름균

흰 여드름   붉은 여드름

무좀 근질근질 씨

백선균이라는 곰팡이가 피부 각질층에 퍼지면 무좀이 생겨요.

무좀은 몸의 축축한 부분이라면 어디든 생길 수 있어요.

축축한 곳에서 자라는 무좀균!

생기는 곳		
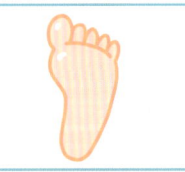	종류	액체와 고체 사이
	생길 때	축축할 때
	주요 성분	곰팡이

중요도

더러운 정도

왜 생길까요?

발가락이나 손가락 사이에 작은 물집이 생긴 적 있나요? 바로 무좀에 걸린 거예요.

이름은 무좀이지만 작은 벌레인 좀이 물어서 생기는 건 아니에요. 무좀은 백선균이라는 곰팡이가 피부 각질층에 늘어나면 생기는 피부병이지요.

곰팡이는 축축한 곳을 아주 좋아해요. 손과 발에서도 땀이 나는데, 발은 온종일 신발과 양말을 신고 있어서 땀이 마를 틈이 없어요. 특히 발가락 사이에는 틈이 없어서, 공기가 잘 통하지 않고 늘 습기가 있지요. 그래서 손보다 발에 무좀이 잘 생기는 거예요.

그런데 왜 하필 무좀이라고 불릴까요? 무좀이라는 말은 '물'과 작은 벌레인 '좀'을 합친 것이라고 해요. 습기가 많은 피부에 좀에 물린 것 같은 물집이 생겼다는 뜻에서 이렇게 이름을 붙인 것이지요.

다른 곳에도 생기나요?

무좀은 발가락 사이에만 생기지 않아요. 우리 몸의 축축한 부분 어디에서든 생길 수 있어요.

특히 겨드랑이와 머리, 사타구니에 잘 생기지요.

특이하게도 무좀은 생기는 위치에 따라 이름이 달라져요. 사타구니에 생기는 무좀은 완선이라고 하는데, 발가락 무좀과 달리 붉은 반점이 생겨요.

무좀은 땀이 많이 나는 여름철이나 비가 많이 오는 장마철처럼 덥고 습한 날씨를 아주 좋아해요. 무좀에 걸리지 않으려면 몸을 잘 씻고 잘 말리는 습관을 들여야 해요.

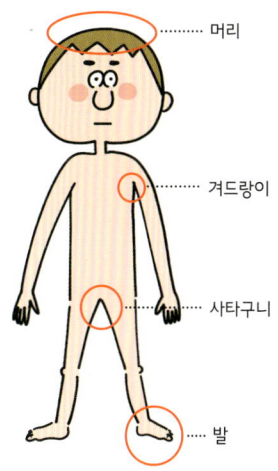

● 무좀이 잘 생기는 곳
- 머리
- 겨드랑이
- 사타구니
- 발

보조개 쏙쏙 씨

웃을 때 볼에 생기는 귀여운 보조개

웃으면 볼 주변에 있는 근육이 움직여서 보조개가 생겨요.

보조개는 볼뿐만 아니라 얼굴의 다른 부분에도 생겨요.

생기는 곳 	종류	피부
	생길 때	웃을 때
	주요 성분	근육

중요도

더러운 정도 ☆☆☆☆☆

왜 생길까요?

웃거나 말할 때 볼에 작은 홈이 옴폭 파이는 사람이 있어요. 보조개가 있는 거지요.

우리 몸의 근육은 대부분 뼈와 이어져 있지만 얼굴 근육 일부(표정근)는 피부와 이어져 있어요. 우리가 웃거나 말할 때 표정이 바뀌는 건 표정근과 함께 얼굴의 피부도 움직이기 때문이지요.

우리 얼굴에 있는 표정근은 40개가 넘는데, 웃을 때는 그중 몇 개의 근육만 사용해요. 입가에 보조개를 만드는 건 표정근 중에서도 입꼬리당김근과 입꼬리내림근이에요.

입꼬리당김근은 입 양옆에 있는 표정근이고, 입꼬리내림근은 입꼬리에서 턱으로 이어지는 표정근이에요. 우리가 웃으면 주로 이 두 근육이 움직이는데, 피부와 근육이 너무 달라붙어 있으면 피부가 근육에 딸려 들어가 볼이 옴폭 파이며 보조개가 생겨요.

입꼬리당김근은 보조개근이라고도 한대.

다른 곳에도 생기나요?

보조개는 볼에만 생기는 건 아니에요. 얼굴의 다른 부분에도 생기지요. 그중 하나가 눈과 뺨 사이에 가로로 길게 생기는 보조개예요. 미국 원주민인 인디언의 화장법과 비슷해서 '인디언 보조개'라고도 불리지요. 인디언 보조개를 만드는 건 윗입술콧방울올림근과 큰광대근, 작은광대근이에요.

그 밖에도 입 양옆에 생기는 입꼬리 보조개, 뺨에 세로로 길게 생기는 긴 보조개도 있어요.

보조개는 피부 속이 말랑말랑하고 피하 조직이 두꺼운 사람에게 잘 생겨요. 여러분은 어떤 보조개를 갖고 있나요?

● 보조개의 종류

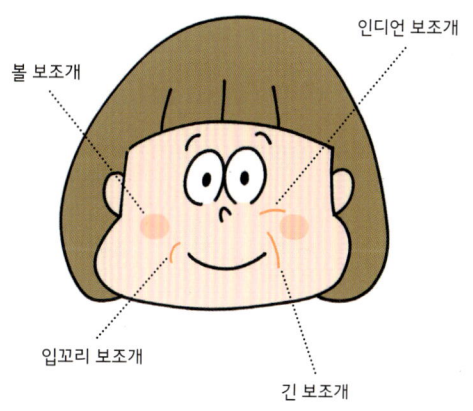

손톱 장군

손가락 끝에 달린 딱딱한 친구

손톱은 딱딱하지만 뼈는 아니에요. 놀랍게도 피부의 일부랍니다.

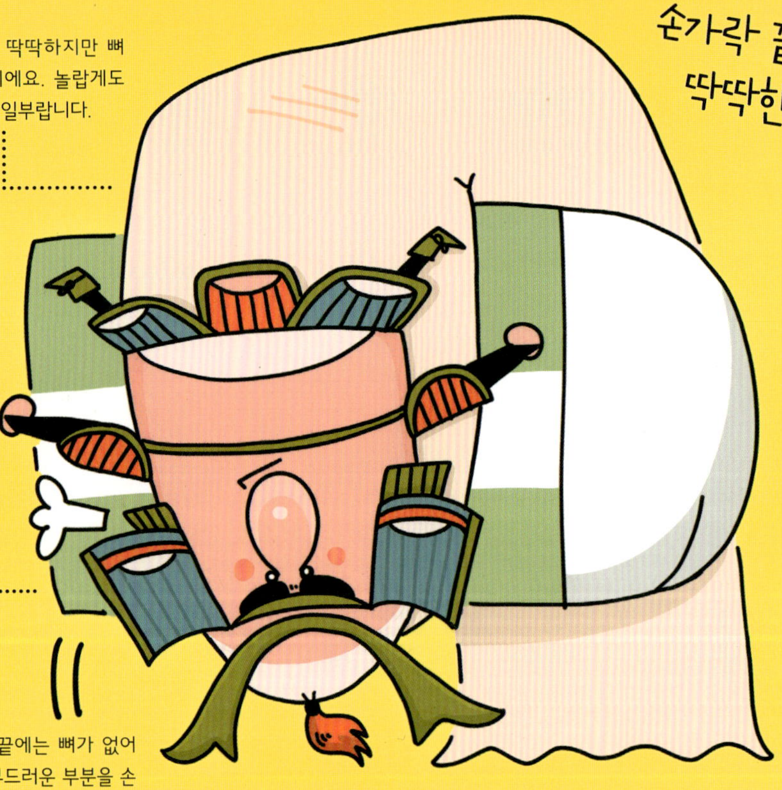

손가락 끝에는 뼈가 없어요. 이 부드러운 부분을 손톱이 보호하지요.

생기는 곳	종류	피부
	생길 때	언제나
	주요 성분	각질 세포

중요도

더러운 정도

왜 생길까요?

손가락 끝은 아주 부드러워요. 손가락 끝에는 뼈가 없기 때문이지요. 손가락 끝까지 뼈가 자라면 뼈가 다치기 쉬워서 자라지 않는 거예요.

하지만 손끝이 부드럽기만 하면 물건을 집거나 당길 수 없어요. 그래서 손톱이 있는 거예요. 손톱이 부드러운 끝을 받쳐 줘서 손가락이 일을 할 수 있어요.

가려운 곳을 긁을 때도 손톱이 큰 역할을 해요. 손톱 덕분에 모기에 물려서 부어오른 곳에 십자 모양도 낼 수 있어요.

발톱도 손톱만큼 중요한 존재예요. 발톱 덕분에 우리는 서 있거나 걸을 수 있어요. 발톱이 발가락 끝을 받쳐 줘서, 우리는 땅을 박차고 나아갈 힘을 얻어요. 여러분이 일상생활을 할 수 있는 것은 손톱과 발톱 덕분이랍니다.

손톱은 엄청 중요한 존재구나!

왜 자랄까요?

손톱과 발톱은 딱딱해서 뼈의 일부분이라고 생각하기 쉬워요. 하지만 이 둘은 피부랍니다. 피부의 가장 바깥쪽에 있는 각질 세포가 딱딱하게 뭉친 것이 바로 손톱과 발톱이에요. 각질 세포는 죽은 상태이기 때문에 통증을 느끼지 못하지요. 그래서 손톱을 잘라도 아프지 않은 거예요.

피부 속에서는 늘 새로운 세포가 만들어지고 있어요. 새로운 세포가 생겨나면 전에 있던 세포는 점점 위로 밀려나고, 결국에는 때가 되지요. 손톱과 발톱도 마찬가지로 매일매일 자라고 있어요.

손톱은 하루에 0.1밀리미터 정도 자라요. 한 달이면 3밀리미터 정도 자라지요. 발톱은 손톱의 절반 속도로 자란답니다.

● 손톱의 구조

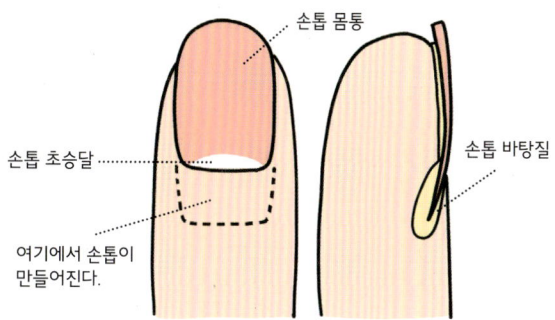

손톱 몸통
손톱 초승달
여기에서 손톱이 만들어진다.
손톱 바탕질

겨드랑이 털 펄럭 씨

겨드랑이에 난 털은 미움을 많이 받아요. 가장 쓸모없다고 여겨지는 털이거든요.

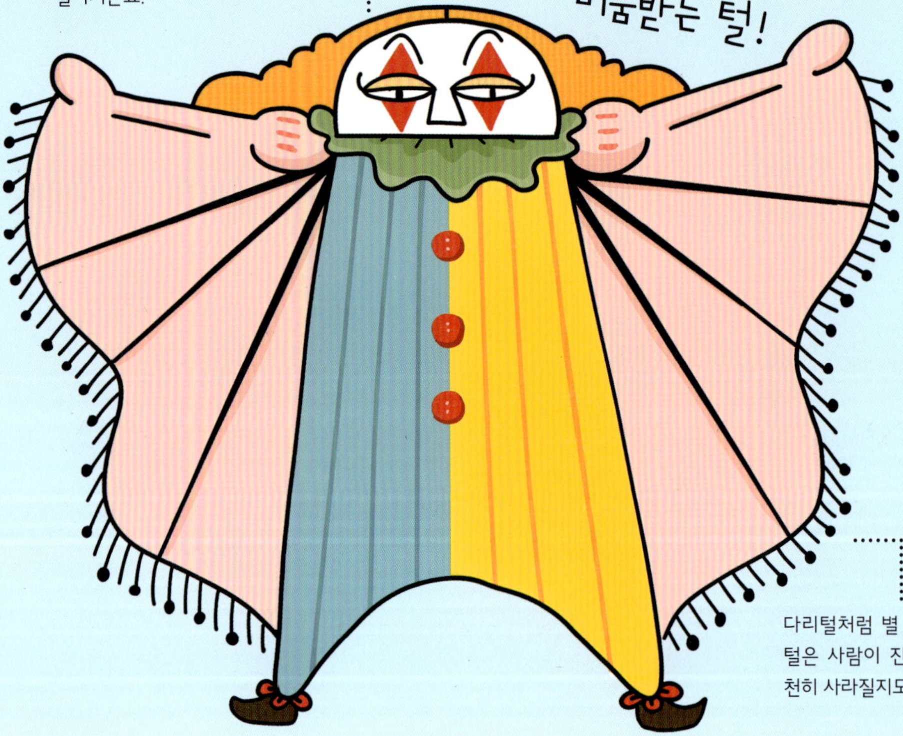

겨드랑이를 보호해 주는 데도 미움받는 털!

다리털처럼 별 필요가 없는 털은 사람이 진화하면서 천천히 사라질지도 몰라요.

나는 곳

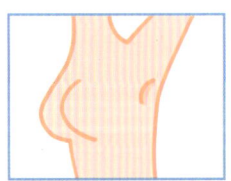

종류	털
날 때	언제나
주요 성분	단백질

중요도

★★★☆☆

더러운 정도

★★☆☆☆

왜 날까요?

여름이 다가오면 얼른 쓸모없는 털을 정리하라는 광고가 여기저기에서 흘러나와요. 쓸모없는 털은 우리가 살아가는 데 필요 없다고 여겨지는 털을 말하지요.

우리가 가장 쓸모없다고 여기는 털은 바로 겨드랑이에 나는 털이에요. 겨드랑이 털을 끔찍하게 싫어하는 사람도 많지요. 그렇다면 겨드랑이에 왜 털이 나는 걸까요?

사실 겨드랑이 털은 겨드랑이를 지키는 일을 해요. 겨드랑이 피부는 몸의 다른 부분보다 얇아요. 그런데 우리가 팔을 움직일 때마다 피부가 서로 마찰을 일으키곤 하지요. 겨드랑이털이 있으면 마찰이 줄어 피부를 보호할 수 있어요.

겨드랑이 털은 겨드랑이에서 땀이 흘러내리는 것을 막아 주기도 해요. 겨드랑이는 땀이 많이 나는 곳인데, 땀이 줄줄 흘러내리지 않도록 털이 붙들어 주는 것이지요.

우리 엄마는 다리에 털이 없어.

어떤 털이 쓸모없다고 여겨질까요?

겨드랑이 털 말고도 쓸모없다고 여겨지는 털은 많아요.(86쪽 참고) 다리털이나 손가락 털, 팔 털도 왜 있는지 모르겠다고 말하는 사람이 많지요.

사람이 옷을 입지 않던 아주 먼 옛날, 우리 선조들은 몸털로 체온을 유지했어요. 외부로부터 받은 충격을 줄여 주는 것도 몸털의 역할이었지요.

하지만 사람이 옷을 입기 시작하자, 몸털에 의지하지 않고도 체온을 조절할 수 있게 되었어요. 그러면서 역할이 줄어든 털은 점점 얇아지고 줄어들기 시작했지요. 다리털은 머리카락보다 상당히 얇고 적어요. 바로 사람이 진화한 흔적이지요. 어쩌면 다리털처럼 역할이 줄어든 털은 머잖아 우리 몸에서 완전히 사라질지도 몰라요.

● 쓸모없다고 여겨지는 털

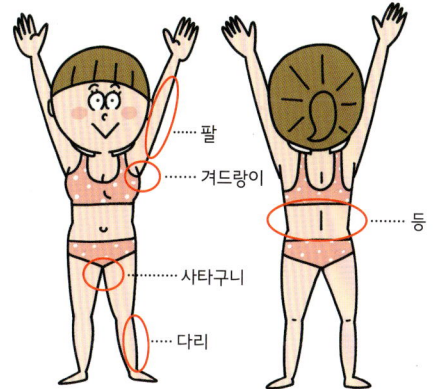

팔
겨드랑이
등
사타구니
다리

 칼럼

털 친구들

우리 몸 곳곳에는 털이 나 있어요.
그중에서 독특한 털을 소개할게요.

다리털 털털 씨

남자들은 다리에 털이 많이 나!

여름이 되면 반바지를 입은 남자들 다리에 덥수룩하게 털이 나 있는 것을 볼 수 있어요. 여자들도 체질에 따라 다리털이 덥수룩하게 자라기도 해요.

한 가닥 긴 털 외털 씨

원래는 털이 길게 자라지 않는 곳에 불쑥!

가끔 눈썹이나 어깨에 기다란 털이 한 가닥 돋아 있는 경우가 있어요. 이런 털은 행운을 가져다준다고 해서 '복 털'이라고 불러요.

가슴 털 북슬 씨

가슴에 털이 많은 사람은
어쩐지 터프해 보여.

혹시 아빠 가슴에 털이 북슬북슬 돋아나 있지 않나요? 남성 호르몬이 많은 사람은 몸에 털도 많대요.

손가락 털 슬금 씨

손가락에도
털이 난다고!

털은 손가락에도 나요. 왜 나는지는 모르지만, 슬그머니 돋아난 털이 은근히 귀여워요.

모유 맘마 씨

엄마의 피로 만들어지는 아기의 영양식!

유방에 있는 유선에서 피로 모유를 만들어요.

모유에는 아기의 건강과 성장에 꼭 필요한 영양분이 많이 들어 있어요.

나오는 곳	종류	액체	중요도 ★★★★★
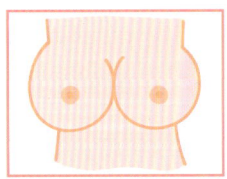	나올 때	아기를 낳은 뒤	
	주요 성분	피	더러운 정도 

왜 나올까요?

갓난아기는 왜 엄마 젖에서 나오는 모유를 먹을까요?

모유에는 탄수화물, 단백질, 지방, 비타민, 칼슘과 같이 아기의 건강과 성장에 꼭 필요한 영양분이 많이 들어 있어요. 뿐만 아니라 온갖 병을 물리치는 면역 세포도 들어 있지요.

우리 몸속에 있는 면역 세포는 크게 두 가지로 나뉘어요. 하나는 태어날 때부터 갖고 있는 면역 세포이고, 다른 하나는 병과 싸우면서 얻게 된 면역 세포이지요.

태어난 지 얼마 되지 않은 아기는 면역 세포가 많지 않아요. 그래서 엄마가 모유로 자신의 몸에서 만든 면역 세포를 전해 주는 거예요.

엄마, 고마워요! 엄마가 세상에서 제일 좋아요!

어떻게 만들어질까요?

모유는 엄마의 피로 만들어져요. "정말요?"라며 깜짝 놀라는 사람도 많을 거예요.

엄마의 유방 안에는 유선이라는 샘이 있는데, 아기를 낳으면 호르몬의 영향으로 유선에서 모유를 만들기 시작해요.

모유를 만들려면 아기도 도와야 해요. 아기가 엄마의 젖꼭지를 열심히 빨면 프로락틴과 옥시토신 같은 호르몬이 나오거든요. 이 호르몬들은 유선을 자극해 더 많은 모유가 만들어져요.

사람에 따라 시간 차이는 있지만, 언젠가 아기는 모유를 끊게 돼요. 그러면 호르몬 분비가 줄어들면서 모유도 더는 나오지 않아요.

● 호르몬의 기능

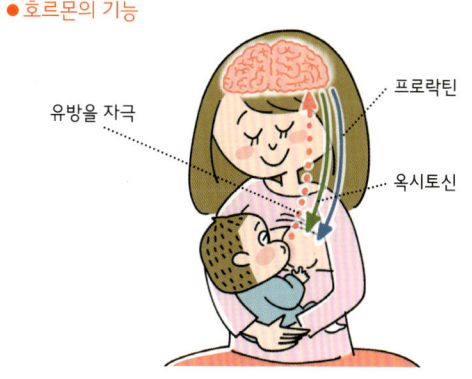

유방을 자극 / 프로락틴 / 옥시토신

토사물 웩웩 씨

토사물은 위액, 소화되지 않고 남은 음식물, 쓸개즙 따위가 섞여 있는 거예요.

우웨엑

체했거나 멀미가 날 때 입에서 나오는 기분 나쁜 황록색 물질

똥에 색깔을 입히는 쓸개즙이 토사물을 황록색으로 만들어요.

나오는 곳		
	종류	액체
	나올 때	체했거나 멀미가 날 때
	주요 성분	위액, 음식물, 쓸개즙

중요도

더러운 정도

왜 나올까요?

우리가 똑바로 설 수 있는 것은 귀 안쪽에 있는 반고리관을 비롯한 전정 기관 덕분이에요. 이곳에서 다양한 움직임을 감지해 뇌에 전달하기 때문에 균형을 잡을 수 있지요.

움직임은 눈으로도 느껴요. 몸이 흔들리거나 한쪽으로 기울어지면 거기에 맞춰서 안구가 움직이지요.

하지만 예측할 수 없는 흔들림이 계속되면 안구는 그 흔들림에 맞춰 움직일 수가 없어요. 그러면 귀 안쪽에서 느낀 자극과 눈에서 느낀 자극이 달라 뇌가 혼란을 일으키지요. 결국 몸 상태를 조정해 주는 신경이 흐트러지고, 위장의 기능도 나빠져 구토를 하게 돼요. 차멀미할 때 어지러움을 느끼고 구토를 하는 것은 그래서지요.

아, 뇌가 혼란스러우면 멀미가 나는구나.

어떻게 만들어지나요?

구토는 위에 남아 있던 내용물이 다시 입으로 나오는 거예요. 그래서 토사물에는 위액과 소화되지 않은 음식물이 뒤섞여 있어요. 똥을 갈색으로 만드는 쓸개즙도 섞여 있어서 황록색을 띠지요.

구토는 차멀미를 할 때뿐만 아니라 몸에 좋지 않은 음식을 먹었을 때도 나와요. 음식을 지나치게 많이 먹거나, 술을 많이 마시거나, 상한 음식을 먹으면 위는 '이 음식물은 몸에 들어오면 안 된다.'라는 판단을 내려요. 그러면 구토해서 음식물을 다시 밖으로 내보낸답니다.

구토하면 수분이 부족해지기 쉬우니 물을 충분히 마셔요.

더 알아봐요!

차멀미를 안 하려면 어떻게 해야 할까요?

운전하는 사람은 멀미를 거의 안 해요. 차의 움직임을 예측할 수 있어서, 귀 안쪽에서 느낀 자극과 눈으로 본 정보가 어긋나지 않기 때문이지요. 이처럼 차가 어디로 가는지 잘 보이는 자리에 앉으면 멀미를 잘 안 해요. 멀미를 자주 한다면 되도록 버스 앞자리에 앉아 보세요.

버스 앞쪽에 앉으면 차멀미를 덜 해요.

감수자의 말

《좀 더럽지만 꽤 재밌는 내 몸 도감: 눈에 보이는 것 편》은 재미있게 읽었나요?

몸에서 나오는 이것저것을 독특한 캐릭터로 표현한 것은 여러분이 똥, 코딱지, 침처럼 우리 몸에서 나오는 것에 애정을 가지길 바라는 마음에서였습니다.

우리는 보통 몸에서 나오는 것을 안 좋게 생각합니다. 약국이나 화장품 가게에 가 보면 몸에서 나는 냄새를 없애 주는 물건이 많이 팔리고 있지요.

그중 가장 미움을 받는 것이 똥입니다. 여러분은 학교에서 똥을 누나요? 창피하니까 집에서만 누는 친구들이 대부분이지 싶네요.

아기는 똥 냄새를 '엄마를 부르는 좋은 냄새'라고 생각합니다. 그런데 성장하면서 똥을 더럽다고 생각하기 시작합니다. 엄마가 똥을 싫어한다고 느끼기 때문이지요.

하지만 이 책에서 소개한 것처럼 똥은 우리 몸에 꼭 필요한 존재입니다. 코딱지도, 오줌도, 땀도 몸에서 나오지 않으면 바로 병에 걸리고 말지요.

물론 충치가 생기지 않도록 이를 잘 닦는 것은 중요합니다. 하지만 몸에서 나오는 것을 전부 악당처럼 여기지는 말아 주세요. 몸에서 나오는 것은 원래 내 몸의 일부였으니까요. 다시 말해 우리의 분신이지요.

이 책을 읽고 몸에서 나오는 것에 대해 관심과 애정을 가져 주면 좋겠습니다.

도쿄의과치과대학교 명예 교수 후지타 고이치로

나가미네 에이타로 글

1969년 일본 도쿄에서 태어났습니다. 메이지대학교에서 정치 경제학을 공부했습니다. 신문사에서 기자로 일했고, 출판사에서 편집자로 일했습니다. 지금은 프리랜서 편집자이자 작가로 일하고 있습니다. 지은 책으로는 《일본 장인의 기술》, 《70세 이상 부모님이 건강할 때 읽어 두는 책》, 《만화! 치매 부모를 가진 자녀가 여러 가지 궁금증을 전문가에게 물어봤습니다》 들이 있습니다.

도게도게 그림

간호사 출신의 일러스트레이터이자 만화가입니다. 일본 블로그 사이트 아메바에서 가장 인기 있는 블로거로 육아 만화 <엄마 전속력으로!>를 그리고 있습니다. 잡지와 웹 매체에도 육아와 간호사에 대한 만화를 싣고 있습니다.

후지타 고이치로 감수

1939년에 중국 둥베이 지방에서 태어났습니다. 도쿄의과치과대학교 의학부를 졸업하고, 도쿄대학교 의학계 연구과 대학원을 수료했습니다. 가나자와의과대학교 교수, 나가사키대학교 의학부 교수, 도쿄의과치과대학교 교수를 거쳐 도쿄의과치과대학교 명예 교수로 일했습니다. 전문 분야는 기생충학, 열대 의학, 감염 면역학입니다. 우리나라에 출간된 책으로는 《알레르기의 90%는 장에서 고친다》, 《'장 누수'가 당신을 망친다》, 《평생 살찌지 않는 기적의 식사법》, 《유감스러운 생물, 수컷》, 《늙지 않는 최고의 식사》 들이 있습니다.

박현미 옮김

고려대학교 일어일문학과 대학원을 졸업했습니다. 고려대학교 교양 일본어 강사와 한국해양연구소, 세종연구소를 비롯한 여러 연구소에서 번역 연구원으로 활동했습니다. 옮긴 책으로는 《수명 도감》, 《의외로 서로 다른 인간도감》, 《대단한 고대 생물 도감》, 《서바이벌! 우주에서 살아 보기》 들이 있습니다.

똑똑교양 2
좀 더럽지만 꽤 재밌는 내 몸 도감: 눈에 보이는 것 편

글 나가미네 에이타로 | 그림 도게도게 | 감수 후지타 고이치로 | 옮김 박현미

초판 1쇄 인쇄 2021년 9월 24일 | 초판 1쇄 발행 2021년 10월 25일 | ISBN 979-11-5836-266-9, 979-11-5836-206-5(세트)

펴낸이 임선희 | 펴낸곳 ㈜책읽는곰 | 출판등록 제2017-000301호 | 주소 서울시 마포구 성지1길 43 | 전화 02-332-2672~3 팩스 02-338-2672 | 홈페이지 www.bearbooks.co.kr | 전자우편 bear@bearbooks.co.kr | SNS twitter@bearboook
만든이 우지영, 엄주양, 김나연, 연혜진 | 꾸민이 신수경, 김지은, 김세희 | 가꾸는이 정승호, 고성림, 전지훈, 김수진, 민유리
함께하는곳 이피에스, 두성피앤엘, 월드페이퍼, 해인문화사, 으뜸래핑, 도서유통 천리마

Original Japanese title: KARADA KARA DERU 'KATACHI NO ARU' MONO "CHARACTER ZUKAN"
© Koichiro Fujita 2020
Illustrations © Togetoge 2020
Original Japanese edition published by Seibundo Shinkosha Publishing Co., Ltd.
Korean translation rights arranged with Seibundo Shinkosha Publishing Co., Ltd.
through The English Agency (Japan) Ltd. And Korea Copyright Center Inc.

이 책은 ㈜한국저작권센터(KCC)를 통한 저작권자와의 독점계약으로 ㈜책읽는곰에서 출간되었습니다.
저작권법에 의해 한국 내에서 보호를 받는 저작물이므로 무단 전재와 복제를 금합니다.

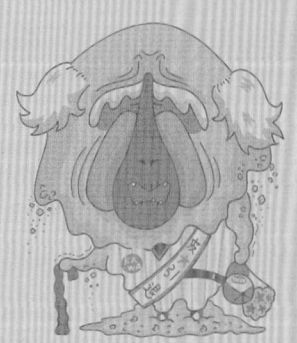